탐나는 아이방 + 특별한 날 데코레이션

# KIDS ROOM STYLE

키즈 룸 스타일

# CONTENTS

06                                                   프롤로그

PART1

# Kids Room Interior & Item

16           **실용과 디자인이 조화를 이루는** 정안이의 공간

26           쌍둥이 자매 요엘과 엘리의 **그림과 음악이 깃든 집**

36           **마냥 아이스럽지 않아 더 멋스러운** 소윤이의 방

42           활발한 소준이의 **스케치북 같은 방**

50           한 살 선민이의 **맞춤형 우드 하우스**

56           **모든 걸 펼쳐 둔** 시우의 자유로운 방

64           **감각적인 소품의 집합체**, 이언이의 방

72           한 살 라엘이의 **동화 같은 방**

80           활동적인 서형이의 **풍경 좋은 방**

86           유쾌한 유한이의 **나무 동굴 같은 방**

94           **빈티지 가구로 채운** 건우의 그림 전시장

102          **넓은 창이 만든 이국적인 풍경**, 예서의 방

110          **블루 컬러 제작 가구로 통일한** 예한이 방

116          **드넓은 놀이 공간이 곧 방**, 예준이의 방

126          **장난감이 필요 없는 자연 생활**, 주하와 채영이의 공간

PART2
# ▼ Special Day Decoration

| | |
|---|---|
| 136 | 해피 크리스마스 |
| 148 | 할로윈 데이 |
| 158 | 어린이 날, 특별한 테이블 |
| 168 | 캠핑 데이 |
| 174 | 집에서 즐기는 베케이션 |
| 180 | 생일맞이 홈 파티 |
| 186 | 사진 전시회 여는 날 |

## Special Page

| | | |
|---|---|---|
| 194 | Hand-Made Tip 1 | 바다 소품을 활용한 데코레이션 |
| 198 | Hand-Made Tip 2 | 리사이클링 화분 |
| 204 | Kids Shop Info | 이 가게, 좋아요! |

'아이방'. 처음 이 책을 제안 받았을 때, 거절할 이유는 충분했다. 인테리어 에디터 일을 해오면서 가장 관심을 두지 않은 공간이었고 안전한 컬러 매트와 커다란 책장이 아이들의 공간(머릿속에 떠오른 첫 이미지)을 대변하는 상황에서 그렇지 않은 공간을 섭외하는 게 얼마나 가능할지 의구심도 컸다. 가장 중요한 건 아이도 없는 필자가 아이방에 대해 이러쿵저러쿵 얘기한다는 게 면구스러웠다. 물론 모든 걸 경험한 사람만이 이야기할 수 있는 건 아니지만 적어도 '공간'에 있어서는 관심과 필요가 동반될 때 살뜰한 '취재빨(!)'이 서게 마련이니까.

그러던 와중에 공교롭게도(?) 그리고 고맙게도 아이가 생긴 걸 알았다. '그렇다면 예습 삼아, 선배 엄마들의 인테리어 노하우를 직접 듣는 것도 나쁘지 않겠군!' 그렇게 이 책과 내가 인연이 아닌가 하는 합리화를 더해 책 작업을 시작했다. 책을 시작하기에 앞서 스타일 있는 아이방 책이 없다는 개인적인 안타까움이 더해져 결국엔 마음과 뜻이 맞는 공동 저자를 추천하기에 이르렀고 그렇게 스타일리스트 최성미 실장님과의 의기투합이 이루어졌다. 그렇게 열의에 차 시작한 책 '키즈 룸 스타일'.

넉넉하지 않은 출간 스케줄과 출산 스케줄 덕에 주어진 시간이 많지 않았던 터라 만삭의 몸이 될 때까지 촬영을 거듭했지만 욕심껏 채우지 못했음을 솔직히 고백한다. 조금씩 뒤로 밀리는 스케줄 안에서 책이 나오기 전에 태어난 아들 덕분에 책의 마무리 역시 순탄치 않았다. 겨우 50일 남짓 육아를 경험하면서 책 속의 엄마들처럼 아이의 공간을 가꿔준다는 게 얼마나 존경스러운 일인지도 몸소 체득하고 있다. 아이와 함께 생활하면서 나 하나 돌보기도 버거운 상황에 보란 듯이 아이 공간을 가꿔주는 엄마들, 그리고 거기에 부흥해 보다 즐겁고 풍부한 반응으로 그 공간을 즐기고 있는 아이들을 만난 건 개인적으로도 값진 경험이었다. 평수와 예산에 앞서 무엇보다 중요한 것은 아이의 공간에 대한 엄마들의 열정이고 관심이란 걸 강조하고 싶다. 그렇기 때문에 누구나 가능한 일이다. 정답 같은 것도 없고 꼭 같을 필요도 없다. 내 상황, 내 아이에 맞춰 얼마든지 엄마의 재주를 부려볼 수 있다. 다만 조금의 시간과 꽤 많은 열정은 필수다.

책이 나오는 지금까지 마음 졸이며 함께해준 담당 편집자와 훌륭한 사진으로 책의 완성도를 높여준 포토그래퍼 그리고 공동 저자에게 고마운 마음을 전하며 프롤로그를 마친다. 마지막으로 이 책을 돌아보자니, 책을 만드는 내내 배 속의 아이와 함께했고 책이 나오는 시점에 태어난 아이를 가진 초보 엄마, 넘치는 스케줄의 와중에서도 쌍둥이 아들 둘을 멋지게 키우고 있는 베테랑 엄마가 만든 책. 에디터와 스타일리스트이기에 앞서 엄마로 살고 있는 두 엄마의 고군분투가 담긴 책이라고 말한다면 과장이려나.

곽 소 영

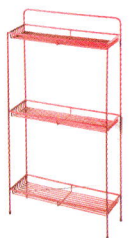

세 살 쌍둥이 아들 진경이와 진호의 엄마, 6년차 주부 그리고 16년차 인테리어 스타일리스트. 숫자로 본 나의 프로필이다. 어떤 분야건 전문가의 위치에 오르기 위해서는 10년의 경험이 필요하다는데, 일에서는 10년을 훌쩍 넘긴 베테랑이지만 엄마로서의 경력은 아직 초보일 뿐이다.

'스페셜 데이'라는 타이틀로 열 가지 데코레이션을 제안하는 작업은 16년차 스타일리스트에게 간단한 작업일지도 모른다. 광고나 잡지 등에 그간 해온 작업과 별반 다르지 않겠지 하는 생각, 진호와 진경이에게 해주는 마음으로 즐겁게 하다 보면 많은 아이디어들이 자연스레 녹아들 것이라는 기대, 그리고 든든한 오랜 파트너 곽소영 기자와의 공동 작업이라는 이유들 때문에 흔쾌히 '책' 제안을 받아들였다.

하지만 쌍둥이를 돌보며 촬영을 준비하는 작업은 그리 만만치 않았다. 자료 정리, 만들고 붙이는 작업 그리고 시장 조사를 하는 일 등은 항상 아이들이 잠들고 난 이후인 새벽 작업실에서 홀로 이루어졌다.

점점 스트레스를 받기 시작했지만 내 자신이 즐겁게 진행해야 책을 만드는 의미가 있다는 생각에 마음을 다잡았다. 즐거운 마음으로 만든 '스페셜 데이'라야 아이들도 제대로 즐길 수 있을 테니까. 그림을 우선시하기보다는 정말 아이들이 좋아하는 공간을 만들어주고 싶었다. 이런 바람을 알기라도 하듯이 수고 끝에 만들어진 공간에서 아이들은 파티의 주인공이 되어 진심으로 즐거워하고 있었다.

필자가 생각하는 아이들을 위한 최고의 공간은 바람이 잘 통하고 햇살이 풍부하며 창 너머 푸른 하늘을 배경으로 나무가 넘실대는 공간이다. 오랜 친구처럼 함께 적응해가는 가구와 장난감, 책과 함께 아이들이 뒹굴며 성장할 수 있는 공간.

스페셜 데이 데코레이션 파트에서는 우리 아이의 특별한 날을 엄마의 정성과 재주를 엮어더 특별하게 만들 수 있는 아이디어들을 담았다. 나뭇가지, 솔방울, 돌 등 자연에서 얻은 소재를 응용하고 일상의 소소한 물건을 새로운 시각으로 각색시키는(이를테면 반사경을 이용한 데코 아이디어, 화분이 된 달걀 껍질과 조개껍질 등) 아이디어로 아이의 평범한 일상을 특별한 날로 만들 수도 있다.

아이의 공간을 가꾸는 일이 늘 치우고 정리하느라 지친 엄마를 더 지치게 하는 노동이 아니라 즐겁고 창조적인 작업이 되기를 바란다. 내 아이가 훌쩍 커버리기 전에 추억거리로 삼을 수 있는 파티도 만들어주고, 사진 한 장 그림 한 장을 벽에 거는 여유도 아이와 함께 나눠보는 건 어떨까. 이 책을 그저 잘 가꾼 남의 정원을 구경하듯 부러워만 할 것이 아니라 '나도 한번 해볼까'라는 마음에 조금은 설레고 손이 바빠지기를 바란다.

끝으로 출산을 하는 와중에도 끝까지 열정적으로 같이 작업해준 공저자 곽소영 씨, 그리고 출판사 관계자들과 유쾌한 카리스마를 가진 심윤석 포토그래퍼, 곁에서 항상 응원해준 남편 이중재 씨에게 감사의 마음을 전한다.

최 성 미

# Kids Room Interior & Item

# 1

내 친구는 어떤 방에서 잘까? 15가지 아이방 인테리어 엿보기
어른들도 탐내는 아이방 소품 정보
아이가 직접 선정한 페이버릿 인테리어 아이템, 제일 좋아!

# 실용과 디자인이 조화를 이루는 정안이의 공간

*age* 세 살    *mom* 빈티지홈 요니

모듈형 책장으로 정리를 한 방에서 앙증맞게 서 있는 세 살 정안이.

스웨덴 브랜드의 수납가구 **스트링**의 서랍과 선반, 철제 전시대 등을
다양하게 조합해 정돈한 모습. 가죽 손잡이가 달린 패턴 바스켓은
**펌리빙** 제품. 사각형 펠트 바스켓은 **까사미아** 제품. 아이가 자주 갖고
노는 장난감을 담아 두기엔 바스켓만큼 편한 게 없다고.

사실 아이의 공간을 결정짓는 키는 엄마가 쥐고 있다. 디자이너에게 맡겨 그럴듯한 공간을 얻을 수도 있었지만 정안이의 방은 온전히 인테리어에 관심이 많은 엄마의 손으로 완성했다. 8개월 전 지금의 아파트로 이사를 온 정안이네. 정안이의 엄마는 5~6년 전부터 빈티지 패션 숍 나인아울즈(9Owls)를 운영해오고 있다. 아이를 낳기 전부터 바잉을 위해 출장을 가게 되면 패션 소품보다 인테리어 소품이 더 눈에 들어왔다는 엄마. 그렇게 하나 둘 매장에 모아두었던 물건을 드디어 정안이의 방에 펼칠 수 있게 됐다. 이사를 오기 전 특별히 자기 방이 없던 정안이가 주로 생활하는 공간은 거실이었다. 그래서 집은 늘 정리가 불가능했다. 이사를 온 뒤 자기 방이 생기고부터 자신만의 동선을 만들어 거실과 방을 넓게 사용하고 있는 정안이. 여전히 넓은 거실을 더 좋아하지만 자기만의 놀이는 스스로 계획을 세워 자기 방에서 소화한다. 모듈형 선반 스트링을 거실, 아이방, 서재 등에 골고루 설치한 이유도 아이와 함께하더라도 인테리어를 포기하고 싶지 않은 마음에서였다. 높낮이와 용도에 따라 다양한 모듈을 선택할 수 있으니 어른 칸과 아이 칸을 나누어 정돈을 하면 굳이 물건을 흐트러뜨리는 아이를 말릴 필요도 없다. 기존 아이 용품에서 찾을 수 없던 가구는 직접 디자인을 한 후 제작을 맡겼고 스칸디나비안 인테리어 책만 수십 권을 봐가며 아이방의 구상을 완성했다. 이런 열정으로 아이용 비닐 가방, 미술용 앞치마, 다양한 크기의 거즈 소재 매트, 정리 도구함 등 실용적인 동시에 감각적인 아이 용품을 제작해 지금까지 운영해 온 빈티지 숍에서 '키즈 라인'을 선보이는 중이다. 그리고 엄마의 갈증이었던 그 아이템을 실험하는 장소이자 샘플이 바로 정안이의 공간이다.

반짝반짝, 그림 같은
소품들로 가득한 방.

시중에서 판매하는 놀이 테이블에 만족하지 못한 엄마는
직접 디자인을 한 뒤 제작을 맡겨 원목 놀이 테이블과
의자를 만들었다. 오래 앉아 있어도 편하도록
시트에는 쿠션을 더했다. 침대 위 재미있는 표정과 드로잉의
니트 쿠션은 **럭키보이즈선데이** 제품.

한쪽 벽은 정안이의 장난감과 엄마의 빈티지
장난감 컬렉션 등을 정리해 둔 책장, 정면은
익스텐션이 가능한 **이케아**의 철제 침대.
오른쪽은 패턴 벽지로 꾸며 준 세 살 정안이의
방. 빨간 별이 그려진 세탁 가능한 러그는
**파펠리나** 제품. 원형 니트 러그는 엄마가
디자인해서 제작을 맡긴 것. 심플한 흰색 커튼도
원단을 골라 직접 제작을 맡긴 것이다. 베개가
붙어 있어 침낭처럼 말아 둘 수 있는 일체형
베딩은 빈티지 숍 **나인아울즈** 제품.

1
—
2

정안이의 물건은 멋진
인테리어를 해치지 않아요.

1 TV 밑으로 정안이가 즐겨 찾는 장난감을 정리해
  두었다. 수납 바구니는 모두 **나인아울즈** 제품.
2 어른용의 축소판 같은 **이케아**의 부엌 놀이 세트.
3 어른을 위한 공간과 정안이를 위한 공간이 사이
  좋게 공존하는 거실. 정안이의 소파는 기존에
  판매하고 있는 디자인 체어에 없는 긴 사이즈라
  직접 주문 제작해 만들었다. 거즈 소재로 만든
  실용적인 러그는 **나인아울즈** 제품. 창가에 둔 긴
  놀이 테이블과 벤치 역시 엄마가 디자인하고 주문
  제작한 원목 가구다.
4 정안이의 영어 이름인 'Daniel'이 새겨진 텐트는
  네덜란드 디자이너에게 주문 제작한 맞춤형
  텐트다. 텐트 안에 깔아 둔 거즈 소재 매트는
  **나인아울즈** 제품.
5 외출 시 현관 옆에서 옷을 입히는 게 가장
  합리적인 동선임을 깨달은 엄마는 현관 옆에
  정안이를 위한 **이케아** 원목 옷장을 마련해 두었다.

|   | 3 |
|---|---|
| 4 | 5 |

정안이의
'제일 좋아!'

'나무, 플라스틱, 고무, 원단,
종이까지! 동물 오너프의
다양한 장난감과 장식품으로
채워진 정안이의 방.

빈티지 패션&리빙 숍을 운영하는 엄마가 출장길에서 하나 둘 모아온 것과 정안이가 직접 고른
동물 장난감이 진열되어 있다. 정안이는 이 다양한 동물 장난감들을 가지고 역할 놀이 하는 것을 좋아한다.

1 : 엄마가 디자인한 책상에서 그림 맞추기에
몰두한 세 살 정안이.

2 : 정안이의 방에는 엄마가
미국 여행길에서
구입한 새 모빌이 걸려 있다.

*Come to
the animal
land*

3 : 조명으로 쓸 수 있는 토끼 모형과
다양한 동물 피규어도 있다.

4 : 사실적인 소재가 돋보이는 동물 인형들.
엄마의 컬렉션이 곧 정안이 컬렉션이 됐다.

# 쌍둥이 자매 요엘과 엘리의 그림과 음악이 깃든 집

*age* 일곱 살　*mom* 바이올린 강사

닮은 듯 다른 쌍둥이 자매 요엘과 엘리. 친구 같은 쌍둥이는 식성도 성격도 취향도 모두 다르다.
흰색 원피스는 새침한 엘리, 남색 원피스는 쾌활한 요엘.

아이들은 물론 가족 모두가 가장 많은 시간을 보내는 거실.
엄마의 책이 책장과 테이블, 바닥 할 것 없이 빼곡하다.
아이와 어른의 감성을 부드럽게 조화시킨 아늑한 거실 역시
입식과 좌식이 가능하도록 러그로 공간 구획을 했다. 시트의
높이 조절이 가능한 의자는 **한샘 인테리어** 제품. 긴 테이블은
주로 요엘과 엘리가 그림을 그리는 책상으로 사용한다.

엄마의 책으로 가득한 거실 한편에
최근 책 읽기에 재미를 붙인 아이들의
책장도 따로 마련해 주었다. 인형
친구와 함께 앉아 책을 읽고 있는 요엘.

좌식 공간에서 포즈를
취해 준 요엘과 엘리.
거실은 두 아이의 미술
학원이자 놀이터이자
서재다.

이사를 오기 전까지 작은 아파트에서 살았던 쌍둥이 자매 요엘과 엘리네는 침대를 제외하면 어린이용 가구라고 할 만한 것은 없다. "공군인 남편 때문에 좁은 관사에 오래 살았었어요. 때문에 어른들의 가구와 아이들의 가구를 따로 쓸 수가 없었죠. 어른들의 가구지만 아이들이 함께 사용할 수 있는 것들 위주였어요. 이사를 오면서도 특별히 아이들을 위한 가구를 사진 않았고요." 쌍둥이 자매 요엘과 엘리는 식성이며 성격이 정반대라고 할 만큼 많이 다르다. 음악을 하는 엄마 덕분에 바이올린과 피아노를 배우고 있고 얼마 전부터는 미술 수업을 듣고 있다. 사교육이라고는 예체능만 하고 있는 요엘과 엘리는 날씨가 좋은 날이면 바로 놀이터로 직행한다. '아이는 아이답게 키워야 한다'는 엄마의 지론 덕분에 요엘과 엘리는 놀이 같은 학습, 혹은 놀이와 함께하는 생활이 일상이다. 덕분에 7시에 잠들고 7시에 일어나는 규칙적인 생활이 몸에 배어 있다. 늘 둘이 함께이기 때문에 많은 장난감도 필요치 않다. 그림 그리기, 레고 놀이를 좋아하는 요엘과 엘리가 가장 많이 머무는 공간은 바로 거실. 책 읽기를 즐기는 엄마의 책장이 주연 같은 거실에서 엄마는 책을 읽고 아이들은 그림을 그리며 함께 머문다. 엄마가 세심하게 신경 쓴 인테리어도 인상 깊었지만 무엇보다 엄마, 아빠와 아이들이 공유할 수 있는 것들이 많은 요엘과 엘리의 집은 예술가적 기질이 농후한 기분 좋은 공간이었다.

일곱 살 쌍둥이 자매 요엘과 엘리의 침실.
**이케아**에서 구입한 철제 침대가 사이 좋게 자리 잡은
침실에는 아이들이 그린 그림과 즐겨 보는 몇 권의 책,
인형들이 평화를 유지하고 있다. 심플한 베딩과
간접 조명으로 은은한 분위기를 살렸고
엄마가 직접 맞춤 제작한 체크 커튼이 눈에 띈다.

$$\frac{1}{2}$$

파벨과 엘리의
기분 좋은 음악 연습소.

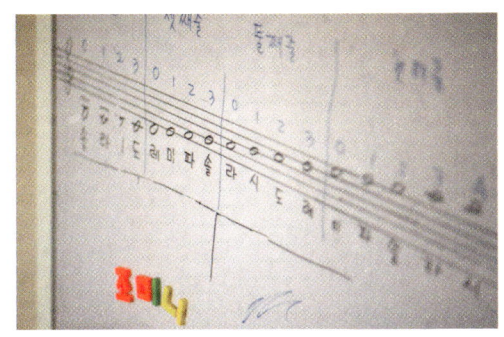

3   4
5

1 방 하나는 아이들의 음악 교습소로 꾸몄다.
피아노는 엄마에게 배우고 바이올린은 엄마의
스승이었던 선생님께 배우고 있다. 바이올린
강사로 활동 중인 엄마지만 딸들을 가르치려니
사심이 섞여 객관적으로 가르치기가 힘들겠다
싶어 스승님께 부탁했다고. 쌍둥이처럼 놓인
북유럽 자작나무 목마 트로야도 보인다.

2 요엘과 엘리가 쓰는 어린이용 바이올린이
앙증맞다.

3 벽 하나는 넓은 화이트 보드를 부착해 칠판처럼
사용하고 있다. 요엘과 엘리가 열심히 배우고
있는 증거들이 보인다.

4 이제 막 기초를 시작했다는 것을 알게 해 준
피아노의 흔적들.

5 바이올린 악보 교재가 가지런히 정돈돼 있다.
이 방은 좌식과 입식이 공존하도록 꾸몄다.

요엘과 엘리의 갤러리가
돼 버린 침실.
말 아티네일르 대할 때
아다 작품이
하나, 둘, 늘어간다.

각자의 작품은 자신의 침대 맡에 붙여 두는데 그림 스타일마저도 참 다르다. 은은한 **이케아**의 집게 조명
사이에는 읊조리듯 음악이 흘러나오는 **무지**의 벽걸이 CD플레이어가 돌고 있다. 장난감을 정리해 둔 수납장은
6년 전 **데코룸**에서 사서 조립한 것. 다양한 패턴의 쿠션은 모두 **트리앤모리**에서 구입했다.

1:

자매가 특히나 아끼는 아이템 중 하나는 '실바니안'. 자연, 가족, 사랑을 테마로 하는
'실바니안 패밀리'는 20년 이상의 역사를 지닌 장수 미니어처 완구다.

2: '콩콩이'는 할머니가 선물해 주신 강아지
인형인데 요엘과 엘리가 아가 때부터 함께했던
터라 많이 낡고 해졌지만 여전히 소중한 친구.
'미니'와 '미피'는 각각 요엘과 엘리가 데리고 잘
정도로 좋아하는 봉제 인형의 이름이다.

# 마냥 아이스럽지 않아 더 멋스러운 소윤이의 방

*age* 여섯 살   *mom* 디자인 편집 몸 오너

단순해서 더 멋스러운 거실에서
그림을 그리고 있는 여섯 살 소윤이.

침대 차이드보드로 사용하고 있는 **비슬리** 흰색
서랍장 위로 **티볼리** 라디오와 플레어 모빌이 보인다.
베딩은 **짐블랑** 제품. 울 인형은 **도나 윌슨** 디자인이다.
미니멀한 원형 벽시계는 **무지** 제품. 패턴이 예쁜
포장지는 포스터처럼 벽에 붙여 주었다. 나무로
프레임을 두른 문 디테일도 멋스럽다. 굳이 설명을
붙이지 않으면 여섯 살 아이방이라고 생각하지 않을
만큼 세련되고 심플한 모습.

1
—

여섯 살 소윤이와 네 살 소준이 남매의 공간은 각
자의 방에 더해 거실까지 이어진다. 디자인 편집 숍 코발트디자인숍(Kobalt Design Shop)을
운영하고 있는 엄마의 깐깐한 안목으로 선별한 장난감과 가구들로 채워져 있는 집. 다양한
물건을 다루는 직업을 가진 엄마답게 아이들의 장난감 선택에 있어서도 단호하고 엄격하다.
"장난감을 사달라고 하면 절대 한 번에 사주지 않아요. 네다섯 번 정도 원하고 졸라야 사주
는 편이에요. 그래야 아이들도 한 번 더 생각하고 고심하면서 물건을 고르더라고요." 디자인
제품은 물론 특히 아이들의 물건일 경우 직접 사용해 본 후 권할 만한 것들만 매장에 소개
하는 오너의 기준이 생활에도 그대로 적용된다. 특히 너무 '아이스럽지 않은' 그래서 더 오래
쓰고 질리지 않는 소윤이의 방은 그 자체 만으로도 매력적이다.

2

1 군더더기 없이 심플하게 꾸민 소윤이의 방. 정면으로
보이는 빌트인 수납장은 아이의 옷장 겸 수납장으로
쓰기에 충분하다. 커튼과 수납장은 이 집의 인테리어를
맡았던 **디자인 서다**에서 디자인·제작했다. 침대 위의
길다란 뱀 인형은 **펌리빙**의 '미스터 스네이크'. 빌트인
장 위에 올려 둔 재생 종이 소재 블루 컬러 휴대용 종이
집은 네덜란드 브랜드 **키즈온루프** 제품. 색종이나
스티커로 자기만의 집을 완성하는 재미가 있는 제품이다.
2 소박한 사각 수납장 안에 정리한 소윤이의 장난감들.
많은 아이들의 스테디셀러였던 **이케아**의 주방놀이
가구와 국내 판매가 끝나는 시점에서 어렵게 구한
**브리오**의 장난감 오븐이 보인다. 이케아의 주방놀이
가구에 매치한 주방용 티 세트와 셰프 세트 소꿉놀이는
실제로 음식을 담아 먹어도 안전한 재생 플라스틱
소재로 **그린토이즈** 제품이다.

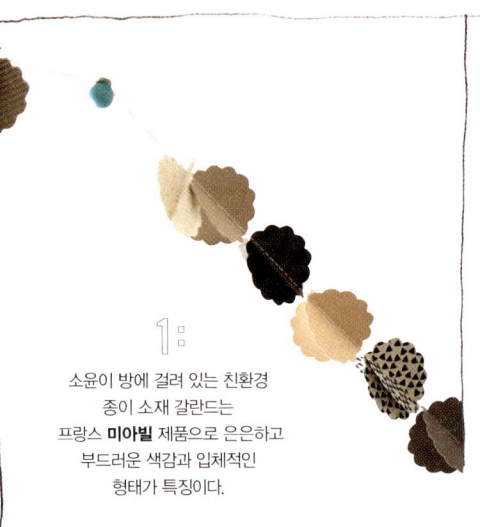

1.
소윤이 방에 걸려 있는 친환경
종이 소재 갈란드는
프랑스 **미아빌** 제품으로 은은하고
부드러운 색감과 입체적인
형태가 특징이다.

2.
코발트디자인숍 오너의 기준으로 고른
**그린토이즈**의 소꿉놀이 세트. 음식을 직접 담고
사용해도 무해한 재생 플라스틱 소재다.

*Artistic
Decoration*

3.
거실 피아노 위에 두 마리의 새가 걸려
있다. 작은새 일러스트를 프린트한 작품인데
홍대에 위치한 아티스트 숍 '**크리에이티브다**'
에서 아이들이 직접 고른 작품을 구입해
걸어준 것. 집 모양의 수납 소품은 **펌리빙**
제품. 피아노 옆에 놓인 도트 패턴 어린이
소파는 스웨덴 브랜드 **티오그루펜**의 원단을
커버링해 코발트디자인숍에서 제작한
것. 거실 바닥을 내달리고 있는 철길 패턴
테이프는 **디브로스** 제품으로 쉽게 붙였다
떼어 낼 수 있다.

소윤이의
'제일좋아!'

학습과 놀이가 동시에 가능한 원목 자석 놀이 공구가 소윤이의 페이버릿 장난감이다.
공간지각 놀이, 과학 놀이, 만들기 놀이, 미술 놀이, 수학 놀이, 언어 놀이, 역할 놀이까지
가능한 학습적인 교구이자 장난감인 **에드토이** 자석 놀이 공구는 소윤이뿐만 아니라
동생 소준이도 즐겨 갖고 노는데 굳이 매뉴얼을 주지 않아도 창의적인 자기만의 작품이 나온다.
오히려 매뉴얼을 주지 않았을 때 더 자유로운 장난감이라고.

# 활발한 소준이의 스케치북 같은 방

*age* 네 살  *mom* 디자인 편집 팀 2년

자신의 키 높이에 맞는 벽지 스타일 색칠 공부를
즐기고 있는 네 살 소준이.

소준이의 방에는 작가의 드로잉이 그려진 전지 사이즈의
색칠 공부 포스터가 아이의 키 높이에 맞게 붙어 있다.
프랑스 브랜드 **OMY**에서 구입한 일러스트레이터의
작품으로 소준이가 원할 때마다 조금씩 컬러를 채워간다고.
원단으로 커버링해 붙인 보드는 소준이와 누나 소윤이의
다양한 작품을 전시하는 게시판으로 쓰고 있다.

어른도 들어가 앉을 수
있는 집 모양 텐트는
다른 텐트에 비해
오래 사용할 수 있다.
**해비태트**에서 구입.
옆에 놓인 의자는 **마지스**
제품으로 세웠을 때는
의자로, 눕혔을 때는
목마로 사용할 수 있는
아이용 가구다.

차분한 성격의 누나와 달리 넘치는 에너지를 주체하지 못하는 네 살 소준이는 하얀 도화지 같은 방을 가졌다. 소준이의 눈높이에 맞게 붙어 있는 그림 보드와 동물 포스터, 그림 포스터 그리고 딱 소준이 키 높이에 맞는 수납장까지. 소준이의 손이 닿는 모든 곳에 소준이가 즐길거리로 채워져 있다. 물론 누나의 방과 거실을 오가며 노는 게 일상이지만 자기만의 공간이 있다는 것은 소준이에게 몹시 든든한 사실이다. 그림 그리기, 자동차 놀이 그리고 무엇보다 야외 놀이를 가장 좋아하는 소준이는 촬영 날에도 철길 패턴 테이프를 거실에 가로지르며 붙이고, 자동차를 굴리며 유쾌한 시간을 보내고 있었다.

군더더기 없는 스타일을 좋아하는 엄마는 소파와 피아노가 놓인 심플한 거실 한가운데에 아이들을 위한 그림 테이블을 마련해 주었다. 천연 비치우드 소재의 그림 테이블과 자연스러운 나뭇결이 살아 있는 벤치는 네덜란드 브랜드 **키즈온루프** 제품이다. 함께 둔 노란색 1인용 체어는 **카르텔** 제품. 하얀색 **이케아** 플라스틱 스툴 위의 '토템 버즈 온 트리'는 재생 종이 소재 3D 디스플레이 장난감으로 다양한 새를 익힐 수 있는 70개의 조각으로 구성돼 있다. **키즈온루프** 제품. 테이블 옆에 놓인 요시모토나라의 캐릭터 강아지는 프랑스 **빌락** 제품.

누나 소윤이의 방처럼 빌트인
수납장을 설치한 소준이의 방. 커튼과
빌트인 장은 이 집의 인테리어를 맡은
**디자인 서다**에서 디자인·제작했다.
아이의 눈높이에 맞게 포스터를
붙여두었고 삼각형의 갈란드를
달아 활기를 더했다. 아이용 쇼핑
카트는 **토이저러스**에서 구입, 화이트
보드 상판 테이블은 **에드토이**에서
구입했다. 면 소재 러그는 **무지** 제품.

소준이의
'제일 좋아!'

핸드메이드 바구니 안에
소준이가 아끼는 미니어처
자동차가 한가득이다. 산 것도 있고
사은품으로 받은 것도 있고
병원에서 진료를 잘 받은 대가(?)로
선물받은 아이도 있다.

네 살 소준이는 집에 있는 다양한 장난감 중에서도 소박하고 별다른 기능이 없지만 손안에
쏙 들어와 편하게 가지고 다닐 수 있는 미니어처 장난감을 페이버릿 아이템으로 꼽았다.

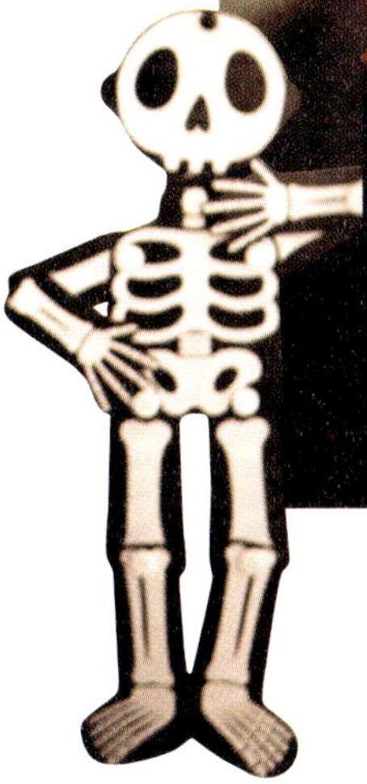

비슬리 서랍장 위에 앉아 있는 나무 소재 로봇은 원하는 포즈와 형태로 손쉽게
조정할 수 있는 큐브봇으로 **아레아웨어** 제품. 나무와 로봇의 결합으로 완성한 장난감
로봇은 손이 갈수록 멋스러워지는 매력을 지녔다고.

# 한 살 선민이의 맞춤형 우드 하우스

*age* 한 살     *mom* 금족황대가

이제 막 백일을 넘긴 선민이. 얼마 전 가족끼리 조촐한 백일상을
차리며 걸어 두었던 모빌이 보인다.

엄마, 아빠가 직접 도면을 그려서 제작을
맡긴 선민이의 방. 2평 남짓한 공간이지만
초등학교까지 사용할 수 있는 널찍한 침대를
중심으로 꼼꼼한 수납 시스템을 구성했다.
가구가 곧 방이 된 공간. 머리맡에는 **퍼플
스토리**의 비행기 조명이 걸려 있다. 양 패턴의
블랭킷은 스웨덴 브랜드 **콜리판** 제품.

태어난 지 갓 100일이 지난 선민이의 방은 6.6m²
(약 2평)에 불과하다. 본래 엄마, 아빠의 침실이었던 부분의 일부를 떼어내고 꾸민 터라 많
은 공간을 할애할 수 없었지만 초등학교 때까지 써도 충분한 넓은 침대와 신생아를 위한
다양한 수납 공간이 철저하게 계산된 합리적인 공간이다. 엄마, 아빠가 직접 디자인을 하
고 현장에서 목수에게 맡긴 선민이의 방은 빌트인 가구인 동시에 방이다. 소나무로 짠 가
구가 향긋하며 침대의 아래, 위로 제작한 수납 공간이 확실한 정리를 도와주는 선민이의
방. 엄마와 아빠는 방을 디자인하고 만드는 과정까지 스크랩 북으로 만들어 선민이를 위
한 또 하나의 선물로 남겨 두었다. 아빠가 직접 간단한 목가공과 가구 제작에 참여하기도
한 선민이의 공간은 방 자체가 선민이를 위한 엄마, 아빠의 선물 같은 곳이다.

<table>
<tr><td></td><td>2</td></tr>
<tr><td>1</td><td>3</td></tr>
</table>

1 침대의 앞, 옆으로는 책장과 서랍장을 짜 넣어
  책을 비롯해 옷가지 등을 수납할 수 있도록
  했다. 정면으로 보이는 볕이 들어오는 문은
  작은 외부 발코니로 이어진다.
2 침대 머리맡에는 자주 볼 책을 올려 놓을 얇은
  선반, 기저귀 등을 정리해 둘 높은 수납장과
  같이 철저히 계산된 공간을 마련했다.
3 침대 밑, 책장 밑 서랍장으로도 넉넉한 수납
  공간이 생겼다.

얼마 전 있었던 선민이의 백일은 가족이 함께 모여 축하해 주었다. 빈티지한 마감이 돋보이는 창가를 배경으로 초록색 모빌을
달아 백일상 배경을 장식했던 엄마. 선민이가 모빌을 너무 좋아해 떼어두지 않고 그대로 두었다. 선민이가 걸을 때쯤 물놀이를 할
공간으로 정돈해 둔 옥상 정원. 자연스러운 질감의 나무 가구들이 놓인 옥상은 삼각형 차양을 달아 빛을 한 번 걸러주었다.

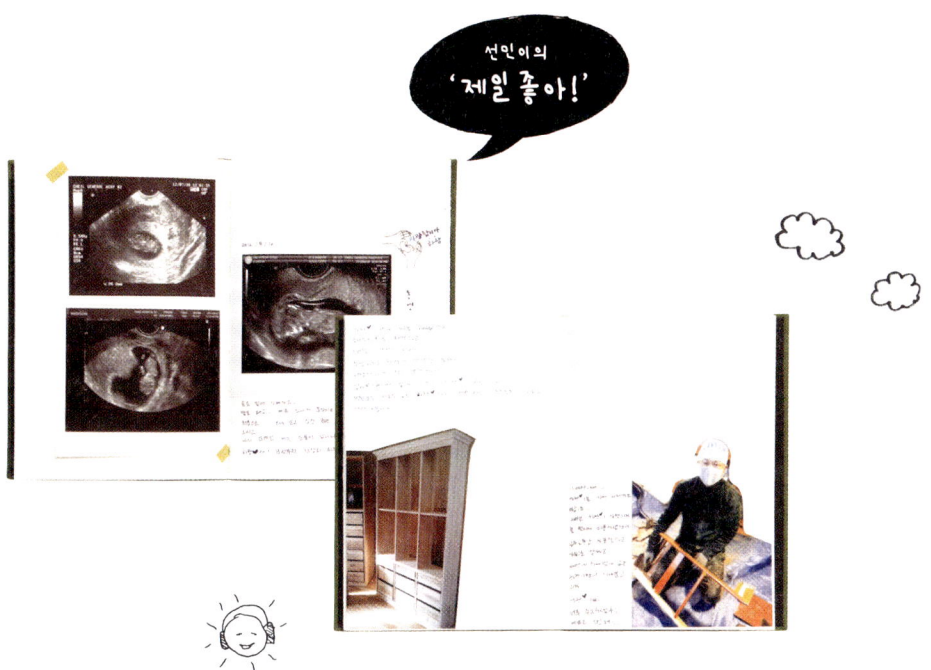

선민이의
'제일 좋아!'

엄마와 아빠가
선민이를 가졌을 때
정리했던 육아노트는
초록색 원단으로
감싼 수제 노트다.

육아노트에는 선민이의 초음파 사진부터 선민이를 가진 동안 엄마와 아빠가 즐겼던 행복한 데이트,
선민이의 방을 만들어 주는 과정 등이 친절하게 담겨 있다. 사진과 글,
스티커를 활용한 엄마의 정성이 사랑스러운 기록으로 고스란히 남아 있다.

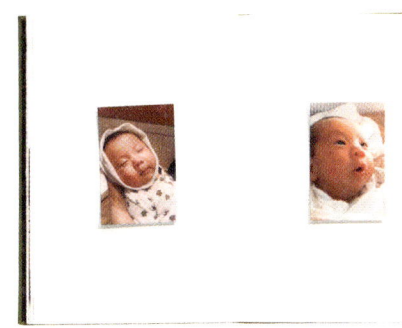

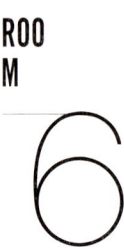

6

# 모든 걸 펼쳐 둔 시우의 자유로운 방

*age* 네 살     *mom* 패션 스타일리스트

에로 아르니오 디자인의 강아지 모양 장난감 겸 인테리어 소품
'퍼피' 뒤에서 포즈를 취한 시우.

모든 장난감이 눈에 띄도록 열린
수납을 선택한 시우의 방. 벽 한쪽은
마그네틱 보드로 마감해 다양한 놀이를
즐길 수 있다. 강렬한 패턴의 커튼은
이 집의 리노베이션을 맡았던
**노르딕브로스 디자인커뮤니티**에서 제작.

시우의 손이 닿는 공간에 잘 정리돼 있는 책과
장난감들. 동그란 펠트 소재 러그는 덴마크
브랜드 **헤이** 제품. 야외에서도 사용이 가능한
파란색 의자는 베르너 팬톤 디자인 체어를
기본으로 제작한 **몬타나**의 키즈 체어, 자주 입는
옷가지들을 정리하고 뚜껑을 덮은 계란형 회전
의자는 **이케아** 제품이다. 시우가 입은 원피스는
**DVF**와 **갭**의 콜라보레이션 제품.

패션 스타일리스트인 시우의 엄마는 패션 못지않게 인테리어에 관심이 많다. 직업상 잦은 출장이 있기 마련인데, 해외에 나갈 때마다 꼭 들르는 곳은 다름 아닌 인테리어 숍이다. 시우를 낳기 전부터 모았던 수많은 인테리어 소품이나 빈티지 그릇, 디자인 테이블 웨어. 덕분에 지금의 집으로 이사를 오면서 가장 신경을 썼던 부분도 수많은 인테리어 소품을 정리할 수 있는 실용적이고 멋스러운 주방과 수납 공간 등이었다. 그리고 그렇게 한두 개씩 모았던 컬렉션들은 시우의 방에 자유롭게 펼쳐졌다. 엄마가 모았던 인형과 장난감 그리고 지인들에게 선물 받은 시우를 위한 아이템을 정리하기 위해 엄마는 시우 방 한쪽 벽에 오픈형 수납 선반을 길게 짜 넣었다. 늘 보고 만지고 느껴야 물건의 효용가치는 높아지는 법! '정리'보다는 '펼쳐놓고 누리기'를 선택한 시우의 방에는 아기자기한 소품뿐 아니라 엄마가 하나 둘 모았던 디자인 체어 등 가구도 자유롭게 자리하고 있다.

자비어 마리스칼 디자인의 동물 모양 어린이 의자 '줄리앙'은 **마지스** 제품. 화려한 상판 패턴이 돋보이는 테이블은 뉴욕 출장 중 **어반아웃피터스**에서 구입했다. 학교 의자 느낌의 노란 의자는 **이케아** 제품.

# s i u

컬러와 패턴이
가득한 시우의 방

1
—
2

3  4
5

1 엄마가 출장길에서 구입한 원단 커버링 이니셜이
  '시우'의 방임을 강조하고 있다. 굵은 면 섬유 니트
  바스켓은 덴마크 브랜드 **펌리빙**에서 구입.
2 방을 가로지르는 긴 선반을 제작해 제법 많은
  양의 소품을 정리할 수 있도록 했다.
  위 칸은 엄마가 모았던 인형이 주로 전시돼
  있고, 아래 칸은 시우가 태어나고 나서 선물
  받은 인형들 위주로 정리했다. 시우가 좋아하는
  장난감과 소품을 그대로 노출해 언제든 자유롭게
  꺼내 놀 수가 있다.
3 거실 장식 선반 아래에도 시우가 아끼는
  인형들이 한가득 있다.
4 거실 선반 위에서 키우고 있는 물고기를 위한
  유리병이 보인다.
5 문과 문 프레임에 'S' 'ㅜ'의 이니셜이 만나도록
  새겨 넣은 센스가 돋보인다.

시우의
'제일 좋아!'

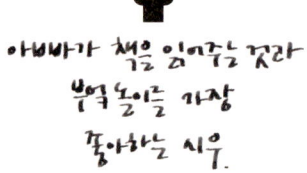

아빠가 책을 읽어주는 것과
부엌 놀이를 가장
좋아하는 시우.

촬영에 피곤해 하던 시우의 웃음을 찾아 준 것은 바로 이 부엌 놀이였다. 일일이 메뉴를 체크해 가며
요리 시연을 보이고 서빙까지 해주던 시우. 2살 이상부터 사용이 가능한 플라스틱 소재의 부엌 놀이 가구는
**스텝투**의 '프레쉬 마켓 키친'. 주방 놀이와 마켓 놀이가 가능한 부엌 놀이 가구다.

2.
엄마가 출장길에
구입했던 수공예
컬러 모빌.

1. **이케아**의 라임 컬러 어린이 스툴
옆으로 놓인 옷걸이는 사실 용도를
다한 테이블 다리다.

*Drawer of
fashion kids*

3.
다양한 스타일의 신발을 갖고
있는 시우. 그중에서도 흰색의
어린이 사이즈 가죽 레페토.
은색의 스터드 장식이 박힌 컨버스
운동화 등 어른용의 미니어처 같은
컬렉션이 눈에 띈다.

# 감각적인 소품의 집합체, 이언이의 방

*age* 일곱 살    *mom* 라이프스타일 숍 오너

라이프스타일 숍 짐블랑 오너인 엄마의 안목으로 고른 물건들로 꾸민 책상에서
그림을 그리고 있는 이언이.

이동식 테이블과 책상 의자는 모두 **이케아** 제품. 왼쪽 X자 크로스바 장식의 책장과 오른쪽 나무와 스틸 조합의 수납 선반은 모두 덴마크 브랜드 **헤이** 제품. LED 사용으로 발열이 없고 아크릴 커버로 안전한 펜던트는 **엔오 스튜디오** 제품으로 투명한 형태의 조명 안에 좋아하는 물건을 넣어 장식할 수 있다. 벽에는 수납 디자인 제품의 스테디셀러인 **비트라**의 유텐실로가 걸려 있다. 블랙&화이트의 넓은 러그는 **이케아**에서 구입한 것.

만화 꼴깨도, 동화 꼴깨도 한
이언이의 공간.

이언이가 더 어릴 때 좋아했던 동물 모형이
가득 담긴 울 펠트 바구니는 **하이브** 제품으로
손잡이가 있어서 아이들이 들고 다니며 놀거나
정리를 할 때 유용하다.

엄마가 운영하는 라이프스타일 숍 짐블란에서
제작한 시크한 아이용 침대는 낮에는 소파처럼
사용할 수 있다. 영국 작가 **도나 윌슨**. 덴마크
브랜드 **펌리빙** 등의 다양한 패턴 쿠션으로
매치했다. 별 모양 프린트 베딩은 **H&M 리빙**에서
구입. 책을 올려 둔 난쟁이 스툴은 필립스탁
디자인으로 **카르텔** 제품. 거실 느낌이 나도록
벽 아래 부분은 짙은 회색 페인트를 칠했다.

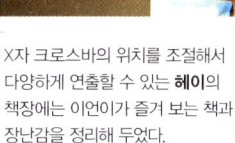

X자 크로스바의 위치를 조절해서
다양하게 연출할 수 있는 **헤이**의
책장에는 이언이가 즐겨 보는 책과
장난감을 정리해 두었다.

일곱 살 이언이는 얼마 전 동생이 생겼다. 때문에
라이프스타일 숍 오너인 엄마의 안목으로 꾸몄던 감각적인 방을 동생에게 양보해야 했다.
그리고 덕분에 더 넓은 이언이의 공간을 얻었다. 바로 거실 전체가 이언이의 공간이 된 것.
이언이의 엄마는 거실에 놓여 있던 소파와 큰 수납장을 치우고 그 자리에 이언이의 침대
(소파로도 사용 가능한)와 책상, 옷장, 책장을 들였다. 주방과 열린 공간으로 이어졌던 거
실 중간에 파티션이 될 만한 책장을 설치해 이언이의 장난감과 소품을 채워 주었고 다양
한 디자인 소품들로 아이방 이상의 즐거움을 얻을 수 있는 가족 공동 공간을 완성한 것.
이언이의 방이라고는 하지만 온 가족이 머물며 생활하기에 부족함이 없는 감각적인 인테
리어가 돋보인다. 이언이의 공간은 아이용 장난감으로 점령당한 거실이 아니라 아이와 어
른이 모두 공감할 수 있는 디자인 아이템으로 채워진 그러나 이언이가 주인인 가족 모두
의 공간으로 정돈됐다.

시크한 웜 그레이 컬러의 침대와 수납장은 엄마가 운영하고
있는 라이프스타일 숍 **짐블랑**에서 디자인·제작했다. 책장은
덴마크 브랜드 **헤이** 제품. 러그와 이동이 편한 책상과 의자는
**이케아** 제품이다. 실용적인 디자인의 제품과 엄마와 아빠가
디자인한 가구, 재미있는 발상의 북유럽 디자인 소품이
어우러진 이언이의 감각적인 공간은 둘러보는 내내 즐겁다.

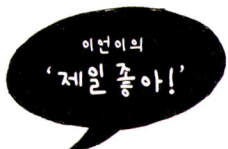

이언이의
'제일 좋아!'

이언이가 즐겨 보는 책,
애니메이션 캐릭터 인형,
이언이의 사진,
정교한 레고 완성작 등을
정리해둘 수납장은
이언이의 퍼페미릿
전시장과 같은 존재다.

그중에서도 이언이가 가장 좋아하는 것은 **레고**의 닌자고. 동명의 만화 영화는 물론
레고 완구까지 인기를 끌고 있는 닌자고는 '카이, 콜, 제이, 쟌'이 닌자가
되기까지 겪는 모험담과 함께 캐릭터들의 무기, 갑옷, 전투 차량 등을 만들 수 있는 레고 완구.
남자아이들에게 있어서 레고의 인기는 단연 독보적이다.

기존의 거실을 이언이의 방처럼 꾸몄기 때문에 주방과의 경계가
필요했던 엄마는 **헤이**의 책장을 이용해 주방과 이언이의
공간을 나눴다. 이 넉넉한 책장은 이언이의 책과 장난감을 정리할 수
있는 충분한 공간으로 사용되고 있고, 이언이 공간의 독립성을
유지해 주는 중요한 파티션이 됐다.

ROO
M

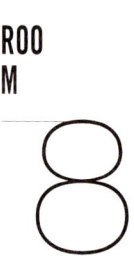

# 한 살 라엘이의 동화 같은 방

*age* 한 살   *mom* 라이프스타일 숍 오너

보라색과 핑크색으로 채운 사랑스러운 공간에
이제 막 7개월에 접어 든 라엘이가 앉아있다.

가로로 긴 가드를 제거하면 확장이 가능한 침대를 중심으로 덴마크
브랜드 **세브라**의 어린이용 라운지 체어와 유모차로 꾸민 라엘이의 방.
보라색 울 펠트 소재 핸드메이드 러그는 **무스크하네** 제품. 컬러 볼이
포인트를 만드는 철제 옷걸이는 찰스&임스 디자인으로 **비트라** 제품.
걸어 둔 피에로 느낌 원피스는 **뱅뱅 코펜하겐** 제품. 밤이면 형광으로
변하는 그래픽 포스터는 **OMY 디자인&플레이**의 작품.

창가 아래로 오빠가 갖고 놀던 **원더월드** 주방놀이와
역시 오빠가 쓰던 **이케아** 책상 세트가 보인다.

항상 라엘이의 방에
오신걸 환영해요!

오빠 이언이의 방을 물려 쓰고 있는 한 살 라엘이.
아직은 엄마, 아빠와 함께 잠을 자는 단계지만 머지않아 라엘이만의 공간이 될 이 방은 오
빠가 사용하던 당시의 핸드메이드 드로잉 느낌의 벽지 대신에 은은한 핑크 컬러를 선택했
다. 여자아이를 위한 아기자기한 아이템과 가구, 벽에 걸린 포스터 등도 핑크 컬러와 바이
올렛 컬러가 메인. 수납을 위해서 선택한 가구는 다양한 모듈로 조합할 수 있는 스트링과
엄마, 아빠가 직접 디자인하고 제작한 수납장을 사용하고 있다. 부엌놀이부터 인형의 집,
작은 책상까지. 오빠가 사용하던 물건들을 고스란히 물려 받았지만 센스 넘치는 엄마의
데코레이션 능력으로 라엘이만의 새로운 공간으로 다시 태어난 방이다. 특히 소품과 조
명, 가구와 포스터 등에서 다양한 컬러와 아이템을 활용해 동화 같은 기운을 불어 넣었다.

노란색으로 색을 칠하고 창을 낸 라엘이 방의 문.
벽에는 모듈형 책장 스트링을 설치해 다양한
장난감과 장식품을 정리해 두었다. 스트링 아래 놓인
나무 집은 오빠인 이언이가 아기일 때 구입했던
**이미지내리움**의 돌하우스를 물려받은 것.

다양한 포스터와 독일 **헤이코**의 버섯 모양 조명, 네덜란드 브랜드 **엥겔**의 종이 모빌, 엄마가 직접 만든 포스터와 **세븐티 트리**의 포스터 등으로 동화 같은 분위기를 연출한 라엘이의 방. 정면에 보이는 수납장은 **짐블랑**에서 디자인·제작한 것이다.

라엘이의
'제일 좋아!'

ZZZZ

갓 태어난 라엘이를 위해
엄마가 처음으로
준비한 선물로 바로
이 사랑스러운 침대였다.

가로로 긴 가드를 제거하면 100~150cm까지 확장이 가능해서 유아부터
최고 일곱 살까지도 사용할 수 있는 침대. 덴마크 브랜드 **세브라** 제품으로 핑크와
바이올렛 컬러, 나무로 포인트를 준 라엘이의 방에서는 우드&핑크 컬러를 선택했다.
아이가 자라면 작은 소파처럼 사용할 수도 있는 똑똑한 디자인!

1. **펌리빙**의 어린이 베딩과 쿠션으로 꾸며준 라엘이의 침대.

2. 창가 아래로 오빠가 갖고 놀던 **원더월드** 주방놀이가 놓여 있다.

*So sweet so cute!*

3. 인형과 인형 베딩이 한 세트인 라탄 소재 인형 유모차는 덴마크 **세브라** 제품.

4. 이제 막 7개월에 접어든 라엘이가 핑크색 침대에 앉아있다.

ROOM

9

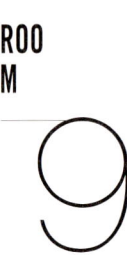

# 활동적인 서형이의 풍경 좋은 방

*age* 세 살 *mom* 북 디자이너

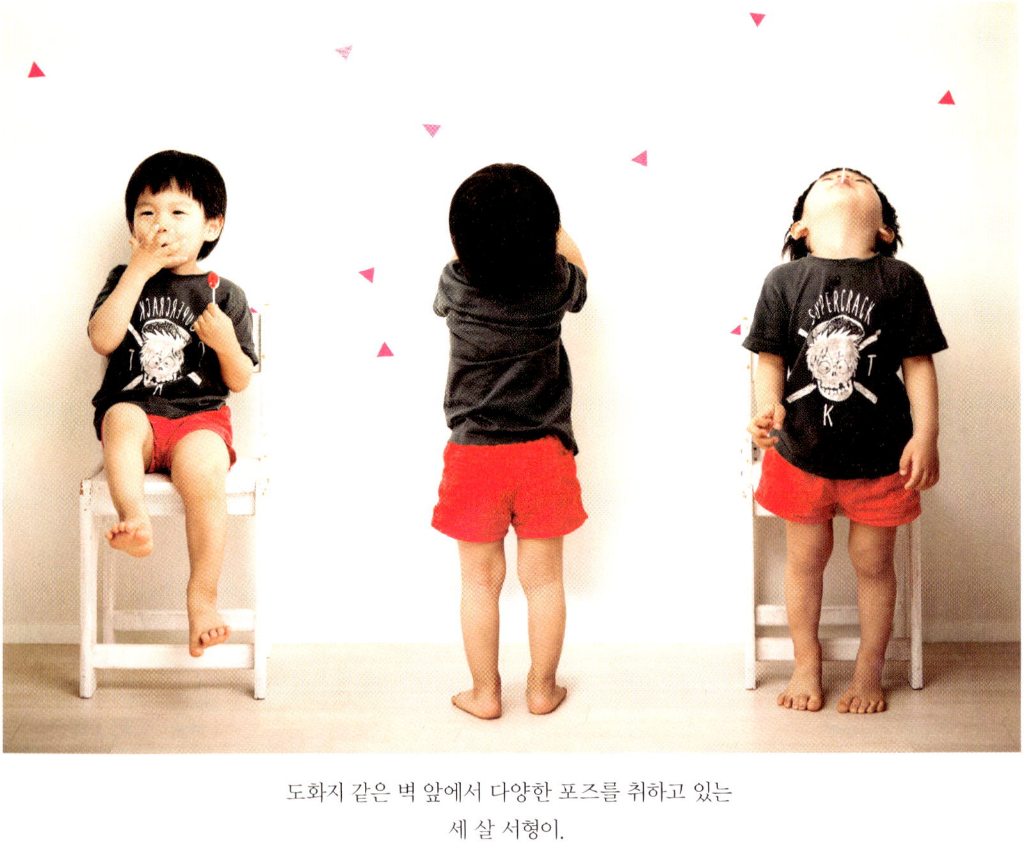


도화지 같은 벽 앞에서 다양한 포즈를 취하고 있는
세 살 서형이.

빌트인 수납장의 재미있는 모양 문 덕분에 동화 같은 분위기가 된 서형이의 방. 화려한 벽지는 싫증이 날 것 같아서 **펌리빙**의 월 스티커를 자유롭게 붙였다. 실크 벽지라 쉽게 떼고 붙일 수 있다. 천장에 걸어 둔 종이 오브제는 네덜란드 브랜드 **엥겔** 제품. 군더더기 없는 디자인의 세발자전거는 **무지** 제품.

몸으로 하는 놀이를 좋아하는 세 살 서형이에게
방은 서재, 거실은 놀이터 같은 공간이다. 이사를 오면서 서형이 방은 직접 꾸며주고 싶
던 엄마는 을지로를 헤매가며 직접 고른 조명을 달아 주었고, 리노베이션 당시 현장에서
제작한 책장을 비롯해 기존에 쓰고 있던 서랍장과 놀이 테이블의 색을 직접 칠하는 노력
까지 더해 서형이의 방을 채웠다. 거실에는 컬러풀한 소파만 두고 최대한 비워 활동적인
서형이를 위한 넓은 공간도 마련해 주었다. 책이 있는 서형이 방의 최대 장점은 나무가 무
성한 창밖 풍경! 덕분에 바깥 활동을 즐기는 서형이는 집 안에서도 늘 자연을 누릴 수 있
다. 자기 공간이 생긴 후부터 방에서는 책을 읽고 거실에서는 활동적인 놀이를 하면서 자
기 나름의 공간 개념을 꾸리고 있다는 서형이. 북 디자이너인 엄마가 소장한 디자인 책을
즐겨 보는가 하면 팝업 북을 유달리 좋아한다. 세 살 서형이에게 화려한 그림책들은 아직
까지 버라이어티 한 장난감이다.

거실에 놓인 빈티지
서랍장도 실은 자주 입는
서형이의 옷을 넣어 두는
수납장이다. 엄마가 원단을
골라 만든 패턴 쿠션과
컬러 쿠션이 어우러진 거실
모습. 활동적인 서형이가
유일하게 얌전해지는
시간은 바로 거실에서
퍼즐을 맞출 때라고.

서형이 방에 있는 책장은 모두 아파트 리노베이션
공사 당시 직접 디자인하고 제작을 맡긴 것이다.
하얀색의 테이블은 서형이의 사촌이 오래전부터
사용하던 것을 색깔만 다시 칠해 쓰고 있는 것. 벌집
모양의 모빌은 **엥겔** 제품. 무엇보다 서형이 방에서 가장
중요한 포인트는 바로 나무가 무성한 창밖 풍경이다.

서형이의
'제일 좋아!'

직접 타는 자동차
자동차가 주인공인 책
이래저래 자동차,
자동차 고장의 피즐까지.

서형이는 자동차와 관련된 모든 장난감을 좋아한다. 이모에게 선물 받은 집 모양 텐트
역시 주차장으로 쓰고 있을 정도!

2. 엄마가 만들어준 컬러볼,
바람개비를 가지고 노는
것을 좋아하는 서형이.

1. 활동적인 서형이가 가장 즐거워 하는 시간은
자동차를 타고 집안을 누빌 때 이다.

*Play! Play! Play!*

3. 쮸(주스), 탕(사탕)만 먹으면
행복해지는 서형이.

4. 엄마의 후배에게 선물받은 **OMY 디자인&
플레이**의 인형가면을 쓰고 찰칵.

# 유쾌한 유한이의 나무 동굴 같은 방

*age* 여덟 살     *mom* 공간 디자이너

숲처럼 우거진 녹색 풍경을 가진 방에서 피아노를 치고 있는
여덟 살 유한이.

공간 디자이너인 엄마의 감각과 의지가 분명하게
느껴지는 유한이의 방. 나무로 마감한 동굴을 만들어
주고 싶었던 엄마는 벽 마감재로 쓰는 루버를 얇게 커서
유한이의 방 전체를 마감했다. 특히 유난히 손이 많이
가는 모서리 라운딩 처리를 위해 많은 신경을 썼다. 어릴
때부터 사용하고 있는 원목 침대와 서랍장, 공사 당시
사용하고 남은 자재로 만든 이동식 책상이 보인다.

　　　　　　　　무대 미술 디자인과 인테리어를 하는 엄마가 모델
하우스 디자인을 맡았던 아파트에 살게 된 유한이. "모델하우스 공사를 맡았을 때만 해
도 이곳에 입주할 계획은 없었어요. 그런데 인연이있는지 이 아파트에 입주하게 됐고 입
주 전 난방도 들어오지 않을 때 빈방에 테이핑을 해 가며 유한이의 방을 구상했죠." 공간
디자이너인 엄마는 아파트의 기존 인테리어를 최대한 털어내지 않는 한도 내에서 이 집을
꾸몄다. 하지만 유한이의 공간만큼은 예외! 나무 구조의 동굴 같은 방을 만들어 주고 싶
었던 엄마는 현장을 진두지휘해가며 벽 마감에 사용하는 루버를 얇게 켜서 유한이의 방
을 마감했다. 현장에서 쓰고 남은 나무들도 버리지 않고 유한이의 책상과 그림 테이블 등
을 만드는 데 사용했고, 책장도 현장에서 직접 제작해 정형화되지 않은 인테리어를 완성
한 것. 공간 디자이너인 엄마의 노고에 더해 공간의 컬러나 작은 요소들은 유한이의 적극
적인 참여로 마무리했다. 그리고 무엇보다 이 집이 매력적인 이유는 아파트지만 주택 같
은 풍경을 가진 유한이 방의 넓은 창 풍경. 핑과 고니가 뛰어다니는 낮은 언덕이 보이는
유한이의 방 창가에는 아침이면 뻐꾸기와 종달새의 울음소리가 들린다. 동이 트고 해가
지는 자연의 시계가 그대로 함께하는 유한이의 방은 자연에서 얻은 소재뿐만 아니라 자
연 자체와 함께한다.

책장은 크기와 깊이를 세 가지 정도로 각각 달리한 상자들을 차곡차곡 쌓아 완성했다.
중간중간 자작나무 합판을 끼워 넣어 높이를 조절했다.

책상 위에서 만나는
유한이의 손맛 나는 삭품들.

1
—
2

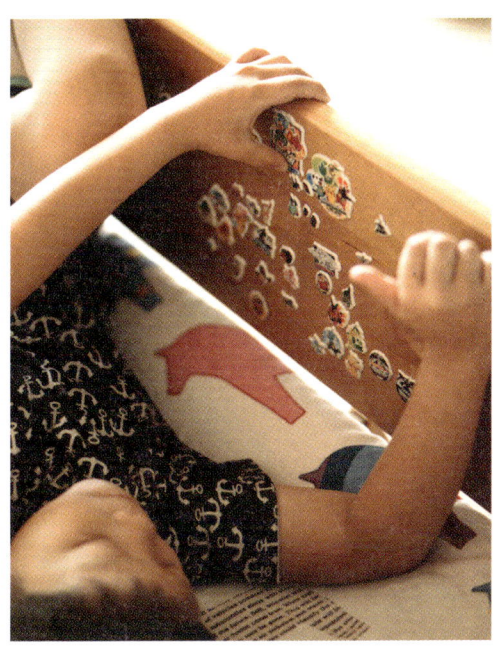

3    4

5

1 벽 중간중간에 창문 프레임 모양의 액자를
   빌트인으로 만들어 두었다. 그리고 이 공간은 변화가
   가능한 유한이의 작품 전시대로 쓰고 있다.

2 그림 수업을 하는 방. 인테리어 공사 당시 남은
   목재들을 사용해 만든 책상과 책장으로 꾸민 덕에
   더 자유로운 공간이 됐다. 높낮이가 다른 두 개의
   책상을 겹치거나 펼쳐서 공간의 효용성도 높였다.
   망가진 롤 블라인드 프레임에 큰 전지를 감아서
   거대한 스케치북처럼 쓰고 있다. '크게 그려봐야
   작은 그림에서도 과감할 수 있다'는 것이 미술을
   전공한 엄마의 지론.

3 아이방다운 구석이 느껴지는 유한이의 침대 안쪽.
   스티커가 빼곡하다.

4 엄마가 다양한 여행지에서 사 온 엽서들을 유한이
   방 빌트인 장 앞에 촘촘히 붙여 주었다. 이 사진들은
   엄마가 생각하는 훌륭한 그림 공부 중 하나다.

5 유한이의 방 입구는 유한이가 고른 파란색과 노란색
   페인트를 칠했다. 문은 칠판 페인트를 칠해 유용하게
   사용하고 있다.

유한이의
'제일 좋아!'

직접 만든 정교한
프라모델은 유한이
책장에서 가장 많은 자리를
차지하는 물건이다.

킨더 초콜릿 안에 들어 있는 랜덤 동물 미니어처, 팽이처럼 갖고 놀 수 있는 **레고** '키마 스피도즈'도
좋아한다. 특히 방과 후 수업인 로봇 만들기 시간에 만든 헬리콥터도 유한이가 아끼는
아이템이다. 유한이는 손으로 만든 작업의 결과물과 정교한 미니어처를 유독 좋아한다.

그림을 걸어 둔 벽 역시 재활용 철망을 쓰고 있는
모습. 공간 디자이너이자 데코레이터인 유한이의
엄마는 무엇 하나 허투루 버리지 않고 새로운 역할을
만들어 사용하는 데 능수능란하다.

# 빈티지 가구로 채운 건우의 그림 전시장

*age* 일곱 살 *mom* 프리랜서 에디터

빈티지 무드가 물씬 풍기는 자신의 방에 걸린
작품을 보수하고 있는 일곱 살 건우.

엄마는 옮기기 편한 책상과 침대,
수납 도구들로 방을 꾸며 건우가 질릴
때쯤이면 위치와 구성을 바꿔준다.
건우의 체형에 딱 맞는 책걸상은 미국
빈티지 마켓에서 구입한 것이다.
본래 샤워 커튼 용도인 동물 패턴 커튼은
**어반아웃피터스**의 리빙 라인 제품.

아빠의 유학 생활 때문에 다섯 살 때까지 미국에 살던 건우는 스포츠광이다. 엄마와 아빠처럼 야구를 가장 좋아하지만 축구와 수영, 인라인 스케이트까지 운동과 관련한 것들에 열광한다. 얼마 전부터 다니기 시작한 미술 학원도 요즘 가장 집중하고 있는 것 중 하나인데, 마음에 드는 그림이 완성 될 때마다 자기 방에 붙이는 바람에 건우의 방은 입구부터 멋진 전시장이 됐다. 미국 생활 때부터 사용하던 빈티지 가구와 장난감은 평범한 아파트를 자연스러운 빈티지 무드로 완성시켰다. 방에서 사용하고 있는 1인용 책상부터 수납도구, 후크 같은 소품까지도 빈티지 아이템으로 가득한 건우의 방. 건우는 캐릭터 용품에 빠져드는 나이가 지난 다섯 살 이후 한국에 들어온 덕에 엄마가 모았던 손맛 나는 장난감을 불만없이, 아니 오히려 더 애착을 느끼며 갖고 논다. 촬영 당일도 태엽을 감아 움직이는 고전적인 철제 오리 인형을 자랑스레 갖고 놀던 건우의 천진한 웃음이 눈에 선하다.

베란다에 펼쳐져 있는 건우의 **이케아** 매트.
도심 안으로 도로가 지나가는 그림의
놀이 매트로 건우의 장난감 자동차
전시대이기도 하다. 캐릭터 장난감을
뗄 나이에 한국에 돌아와서 그런지 건우는
캐릭터 장난감보다도 빈티지 장난감을
무척 좋아한다.

ROOM

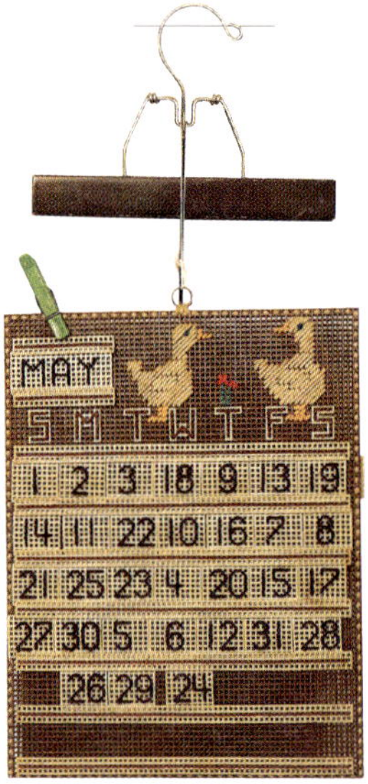


웰컴! 건우의
색깔 있는 빈티지 월드.

1
2

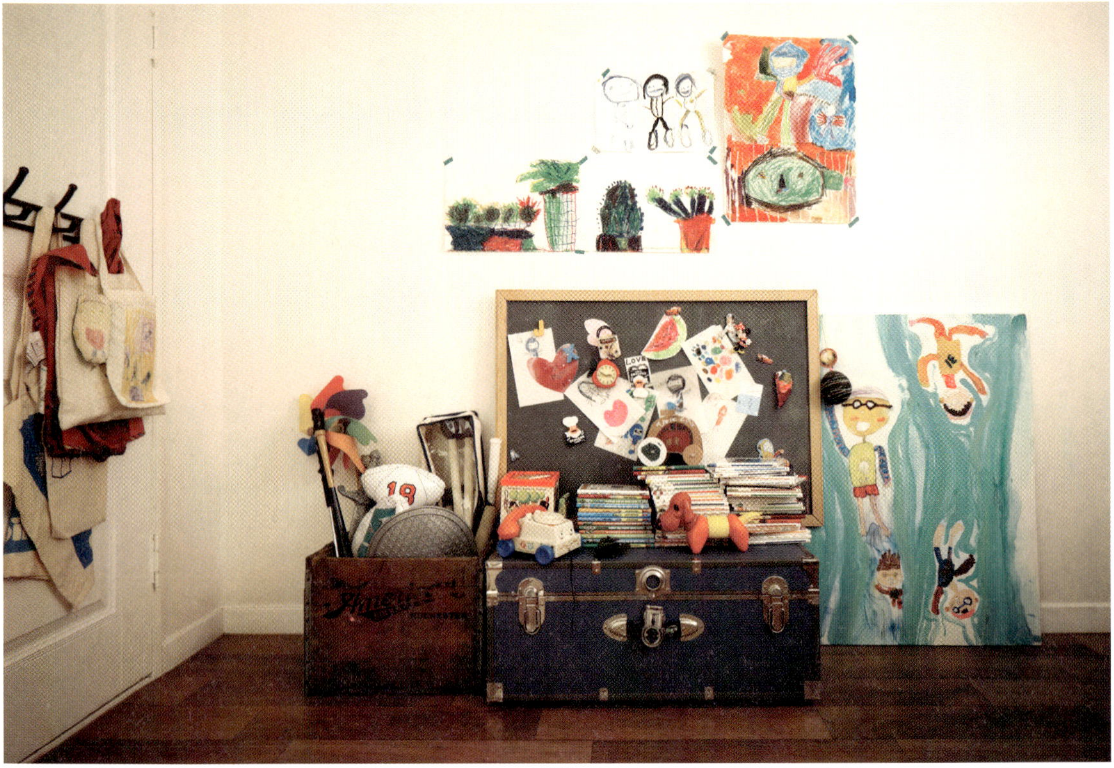

3

4

1 십자수를 활용한 빈티지 달력.

2 미국에 살던 건우 가족의 빈티지 컬렉션은 이
　집 구석구석은 물론 건우의 방에서도 다양하게
　만날 수 있다. 작은 수납 가구 겸 테이블로 쓰고
　있는 빈티지 트렁크 주변으로 건우의 최근 그림
　작품들이 걸려 있다. 가방을 걸어 둔 철제 후크
　역시 미국에서 구한 빈티지 아이템.

3 좁은 방의 특성상 벽을 활용한 수납 아이디어.
　벽걸이 후크나 벽걸이 책 선반 등을 달았는데,
　벽걸이 책 선반의 경우 플라스틱 물받이를
　선반으로 변형해 설치한 것이다.

4 그리는 그림마다 벽에 붙이겠다는 건우의 의지는
　건우의 방 입구부터 시작된다. 방 입구에는 엄마가
　잠시 스타일리스트로 일할 때 구했던 옛날 학교
　의자가 놓여 있다. 의자 위로 건우가 만든 가방과
　빈티지 액자 등을 장식해 두었다. 현관으로
　들어오자마자 자리한 볕이 좋은 방이 건우의
　공간이다.

건우의
'제일 좋아!'

건우는 야구광이다.
아빠의 유학으로 다섯 살까지
온가족이 미국에서 지낸
건우는 메이저 리그를 보며
야구에 심취했던
'베이스볼 키드'!

아빠에게 물려받은 멋들어진 배트와 글러브는 물론 엄마가 양말을 꿰매 만들어 준 야구공도
건우의 페이버릿 아이템이다. 야구 선수들의 이미지 카드나 스포츠 관련 책자, 야구 선수 미니어처 등
야구와 관련된 그리고 스포츠와 관련된 온갖 아이템이 건우가 가장 아끼는 것들이다.

버려진 서랍장을 활용해 장난감 정리함으로 쓰고 있다. 레고와 프라 모델 등 남자아이다운 장난감 모음.

건우의 체형에 딱 맞는
빈티지 책상에서 레고 놀이.

넓은 창이 만든 이국적인 풍경, 예서의 방

*age* 열살 *mom* 가방 디자이너

우쿨렐레 연주를 하면서 노래도 곧잘 부르는 예서가 촬영을 위해 포즈를 취해줬다.
지금 연주하는 기타는 연주가 가능한 장난감이다.

기존에 사용하던 미국식
앤티크 침대와 화장대,
CD장 등을 컬러만 다시 칠해
재사용하고 있다. **펌리빙**의
쿠션을 올려 둔 흔들의자는
찰스&레이 임스 디자인으로
**비트라** 제품.

라이프스타일 편집 숍 **짐블랑**에서 맞춤
제작한 예서의 핑크색 책상.

앤티크한 디자인의 침대는 기존에 사용하던 가구를 색만 다시 칠해 사용하는 것. 침대 위 집 모양 쿠션은 **펌리빙** 제품.

집을 가꾸는 일상을 즐기는 엄마와 가정적인 아빠가 집을 지으면서 가장 중요하게 생각했던 점은 바로 아이들을 위한 공간이었다. 1층에는 온 가족이 함께 지내는 공동 거실과 서재를 두고 아이들의 방은 모두 2층으로 올렸다. 열 살 예서, 여덟 살 예한이, 다섯 살 예준이 그리고 14개월 된 예범이까지 모두 네 명의 남매가 있는 다복한 예서네! 그중에서도 큰딸 예서의 방은 너무 공주 방 같지 않되 여성스러운 공간을 만들어주고 싶어서 노골적이지 않은 페일 핑크를 메인 컬러로 정했다. 헤링본 시공의 바닥과 긴 창 덕분에 이국적인 분위기가 배가된 예서의 방. 엄마, 아빠, 네 남매 그리고 할머니가 함께 살고 있는 예서네는 대가족이 함께 지내는 덕분에 성숙한 라이프스타일과 예절을 자연스럽게 익힌다. 사탕 한 봉지로라도 상대방을 기쁘게 만들 줄 아는 센스 있는 엄마는 매해 아이들의 생일마다 서프라이즈 파티를 준비할 정도로 열정적인데, 네 남매의 방 역시 지난 크리스마스이브 때 선물처럼 공개해 아이들을 놀라게 했다. 아이들의 성향은 모두 다른데 외향적인 성격의 큰딸 예서는 미술, 음악에서 끼가 넘치는 재주꾼이다.

아이의 옷가지와 소품을 감안해 제작한 수납장 역시 핑크색으로
칠했다. 조명이 들어오는 전시대에 둔 부엉이 그래픽 포스터는
**OMY 디자인&플레이**의 작품. 손잡이 없이 심플한 디자인으로
마감한 가구는 **짐블랑**에서 디자인·제작했다.

이국적인 분위기가 흐르는
여서의 핑크색 방.

호주에서 구입한 작은 뻐꾸기
시계가 로맨틱한 무드를
만들고 있는 벽. 여름이면
무성해질 넝쿨식물로 덮인
바깥 풍경이 보인다.

예서의
**'제일 좋아!'**

가족 여행 때마다
하나둘 사오은
오르골이 어느새 선반
두 칸을 채울 정도로
늘었다.

아날로그 무드의 음악이 흐르는 오르골은 해외 여행을 하면서 산 것도 있고
국내에서 구입한 것도 있다. 로맨틱한 멜로디도 좋지만 무엇보다 정교하고 화려한
모양 때문에 예서가 특별히 아낀다.

# 13

## 블루 컬러 제작 가구로 통일한 예한이 방

*age* 여덟 살   *mom* 가방 디자이너

조용하고 차분한 성격의 여덟 살 예한이. 2층 침대로 오르는 계단이
가구 이상의 공간감을 만들어준다.

블루 컬러를 메인으로 책상과 선반, 수납장 등을 만든
예한이의 방. 들어서자마자 자리한 침대와 일체형 수납
선반에는 제법 많은 양의 장난감을 정리해 둘 수 있다.
로켓 모양의 펜던트는 **필립스&퍼블스토리** 제품.

1

활달한 누나와 달리 차분하고 조심성이 있는 성격의 예한이가 자기 방을 갖기 전에 원했던 것은 세 가지였다. 예한이가 가장 즐겨 갖고 노는 레고와 아빠가 물려준 미니어처 장난감을 정리할 수 있는 정리대, 친한 친구와 함께 공부할 수 있는 넓은 책상, 그리고 2층 침대! 예한이의 모든 요구는 짐블랑에서 제작한 가구로 현실화됐다. 상판을 길게 연결한 넓은 책상, 2층 침대와 한 몸을 이루는 넉넉한 수납장, 그리고 그 밖에 물건을 정리할 수 있는 빌트인 보조 수납장이 탄생한 것. 예서의 방이 핑크 컬러가 메인이었다면 예한이의 방은 가구의 컬러 덕분에 자연스럽게 블루가 메인 컬러로 결정됐다.

1 밤이 되면 형광 색으로 변하는 곰 그래픽 포스터는
  **OMY 디자인&플레이** 작품. 2층 침대의 아래 공간
  역시 제법 넓은 놀이 공간으로 쓸 수 있다.
2 예한이 방의 수납장 역시 손잡이를 안으로 넣어
  심플하게 디자인했다. 물건의 양과 크기를 계산해
  제작한 수납장 디자인은 누나 예서 방의 그것과
  통일감을 갖지만 블루 컬러를 선택해 새로운
  느낌이다.
3 2층 침대 공간에는 **펌리빙**의 캐주얼한 베딩과
  길다란 뱀 인형 '미스터 스네이크'가 자리하고 있다.

2

―――

3

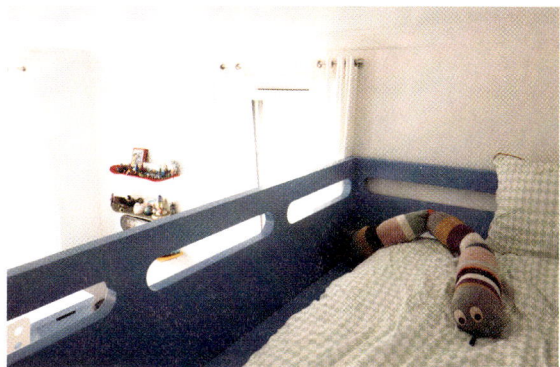

긴 상판이 독특한 예한이의 책상. 친구와 함께 공부할 책상을 원했던 예한이의 요구에 부응한 디자인이다. 책상 앞에 놓인 의자는
인체공학적인 디자인의 노르웨이 **바리에르** 의자와 실용적인 디자인의 **이케아** 의자. 역시 이국적인 창이 돋보이는 한편에는
찰스&레이 임스 디자인의 흔들 의자가 놓여 있다. 앞에 앉은 리얼한 사자 모양의 인형은 **한사토이** 제품.

아빠와 아들의 프라모델라 미니어처로
빼곡한 예한이의 전시대.

예한이의
'제일 좋아!'

사촌 형이 만들어서 물려준 곤충 박제 표본인데, 무시무시한 전갈과 오묘한 색감의 갑충 표본 등이
흔치 않은 조합을 이루고 있다. 앞으로 채워질 예한이의 컬렉션이 기대되는 창가.

# 14

## 드넓은 놀이 공간이 곧 방, 예준이의 방

*age* 다섯 살   *mom* 가방 디자이너

동화 같은 침대 풍경을 배경으로 책을 읽고 있는 다섯 살 예준이.

짐블랑에서 제작한 넓은 원형 테이블에 **이케아**의
실용적인 의자를 매치시킨 예준이의 방이자 놀이 공간.
천장에는 베르너 팬톤 디자인의 펜던트 플라워 포트를 달았다.
창가 앞으로 보이는 가죽 커버링의 디자인 체어는 아르네
야콥센 디자인의 에그 체어로 **프리츠 한센** 제품. 수납 선반과
빌트인 서랍장은 모두 제작 가구다.

행잇올이 걸려 있는 방 한편, 예준이가
좋아하는 **원더월드** 주방놀이 가구는
언니 예서 때부터 사용해 오던 것들이다.

수납 바구니도 되고 뒤집으면 스툴로도 사용할 수
있는 철제 바스켓은 **펌리빙** 제품.

　　　　　'예준이의 방'으로 불리는 이 공간은 언니, 오빠,
그리고 이제 14개월 된 동생 예범이까지 함께할 수 있는 놀이 공간 겸 모두의 침실이다.
역시 헤링본 패턴으로 마감한 바닥에 세로로 긴 창을 낸 예준이의 방은 놀이방과 가족
침실이 작은 화장실을 경계로 나누어져 있다. 넓은 놀이 테이블, 바닥부터 천장까지 자리
한 빌트인 서랍장, 수납 선반, 일반 침대를 세 개 정도 붙여 놓은 가족용 침대까지 한곳에
자리한 넓은 스케일의 공간이다. 예준이를 위한 공간이자 네 남매를 위한 공간인 동시에
온 가족을 위한 공간이다.

직접 설계한 주택이기 때문에 가능했던 놀이 공간. 제법 넓은 놀이 공간과 침실이
작은 화장실을 가운데 두고 연결돼 있다. 공간의 세 면에 모두 세로로 긴 창이 나 있는 덕분에 방은
늘 환한 자연광으로 채워져 있다. 막내가 태어난 이후 각자의 침실보다는
이곳에서 함께 자는 시간이 많아졌고, 이곳에서 함께 어울려 노는 시간이 더 많아졌다.

아직은 누나와 형들의
놀이에 낄 수 없는
14개월 막내 예범이.
대신 누나와 형이
머무는 놀이 공간 한쪽에
마련한 넓은 침대에
머물며 같은 시간을
공유하고 있다.

언니 예서, 오빠 예한이 그리고 예준이가
함께 그림 놀이를 하고 있다. 사방으로
나 있는 넓은 창 덕분에 놀이 공간은 늘
빛으로 가득하다. 넓은 테이블은 세 남매가
무엇을 펼쳐 놓아도 넉넉한 크기다.

바닥부터 천장까지
이어지는 빌트인 서랍장은
언니 예서와 오빠
예한이의 방과 통일감
있는 디자인이지만 컬러는
흰색으로 선택했다. 다양한
물건을 수납할 수 있는
노란 선반 역시 인테리어
공사를 할 때 제작해
맞춘 것. 모두 **짐블랑**에서
디자인·제작했다.

예준이의
'제일좋아!'

동성의 형제라 자매가
있는 집에서
늘 그렇듯
예준이의 옷과
장난감은
대부분 언니 예서가
사용했던 것들.

프랑스 디자인 스토어에서 샀던 이 강아지 인형은 예서가 갖고 놀던 것을 예준이에게
물려준 것인데 늘 베고 자는 인형이라 특별히 애착이 간다.
특히 막내 예범이와 예준이는 블록 놀이, 주방 놀이, 인형 놀이를 많이 한다.

# 장난감이 필요 없는 자연 생활, 주하와 채영이의 공간

*age* 일곱살, 다섯살   *mom* 주부

아빠가 직접 만든 테이블에서 색종이 놀이를 하고 있는
일곱 살 주하와 다섯 살 채영이.

거실보다 단을 높게 해서 만든 서재
겸 놀이 공간. 접이식 도어를 닫았을
때는 벽이 돼서 독립적인 공간이지만
열었을 때는 소파가 놓인 거실까지
확장되는 열린 공간이다.

거실에서 바라본 아이들을 위한 공간.
접이식 도어 덕분에 공간의 개폐가
자유롭다. 오른쪽으로 보이는 계단으로
오르면 아이들의 침실과 부부 침실이
있는 2층이다.

2층에 위치한 주하와 채영이의 방.
보라색과 핑크색으로 칠한
공주 풍의 방으로 하얀색 가구는 모두
**에보니아** 제품. 컬러풀한 샹들리에는
엄마와 아빠가 직접 을지로 조명 매장을
돌아다니며 고른 것이다.

아파트의 편리보다 아이들의 건강하고 행복한 삶을 위해 집을 짓기로 결정한 주하와 채영이의 아빠는 오랜 시간 집 짓기에 대해 탐독한 후 '집을 그리다'의 건축가 이중재 소장을 찾았다. 아이들을 위한 자쿠지 풀, 계단을 겸한 미끄럼틀, 아이들의 동선을 살필 수 있는 주방 위치 등 세세한 사항까지 꼼꼼하게 짚어가며 '아이들을 위한 집 짓기'에 충실한 결과 집 자체가 놀이터이고 놀이거리인 지금의 집을 완성했다. "집을 짓고 이사를 온 이후로 소극적이던 둘째의 성격이 적극적으로 바뀌었어요. 야외 놀이를 많이 하니 아이들 모두 까무잡잡해진 데다가 건강해졌고요. 집 안에 머무는 시간보다 물놀이를 하거나 마당에 나가 노는 시간이 훨씬 많아졌습니다." 엄마와 아빠의 노력이 헛되지 않게도 이 집은 아이들에게 보다 건강한 경험과 풍부한 즐길거리를 제공하고 있다. 유행하는 장난감이나 인형이 없어도 아이들은 즐거운 시간을 보낼 수 있고, 특별한 외출 계획이 없어도 가족만의 색다른 시간을 만들 수 있는 요소들로 채워진 집. 방 하나가 아니라 집 전체가 아이들을 위한 최적의 공간이다.

1층의 중심이자 엄마가 주인인 부엌은 거실의 구석구석을 살필 수 있는 위치에 있다. 주방 조리대의 앞면은 아이들이 다양한 놀이를 할 수 있는 마그네틱 보드로 변형했다.

1
—
2

1 물놀이를 시작하면 시간 가는 줄 모르는 주하와 채영이. 집을 짓고 주하와 채영이
 가족이 가장 만족하는 공간 중 한 곳이 바로 이 옥상 자쿠지 풀이다.
2 1층에서 2층으로 오르는 계단참은 칠판으로 마감했고 미끄럼틀을 더했다. 그리고
 2층에서 다락방처럼 마련한 공간으로 오르는 계단참에는 아이들을 위한 미니
 서재를 마련해 주었다. 낮은 천장과 환한 창이 영락없는 다락방의 모습이라 아이들이
 좋아하는 공간이다. 책을 읽다가 포즈를 취해 준 주하의 밝은 미소가 기분 좋다.

아이들을 위해 편리한 아파트 생활을 포기하고 주택을 지은 주하.
채영이 가족. 주택 생활을 시작한 이후 주말마다 교외로 나들이를
떠나야 하는 부담을 덜었고. 옥상에 마련한 자쿠지 풀 덕분에
아이들은 여름 내내 건강하고 신나는 시간을 보냈다.
주하와 채영이에게는 집 자체가 놀이터이고 놀이거리다.

엄마, 아빠의 침실과 아이들의 방이
있는 2층에 자리한 오픈형 세면대. 바쁜
아침에 무엇보다 유용한 공간이다.

주하와 채영이의
'제일좋아!'

공작을 위한
색종이와 가위,
풀만 있으면
온종일 놀 수 있다는
주하와 채영이.

촬영이 있는 날 아침에도 종이로 직접 만든 슬리퍼를 신고 나타났다.
아이들의 활동적인 삶을 위해 고안한 수많은 요소들로 채워진 이 집에서 아이들은
특별한 장난감이 없어도 충분히 풍부하고 즐거운 시간을 보낼 수 있다.
그리고 만들기에 필요한 도구 외에는 특별한 장난감이 없는 것도 이 집의 특징.

# Special Day Decoration

# 2

특별한 날 엄마가 손수 꾸미는 데코레이션 방법
간단한 소품은 직접 만들자! How To Make

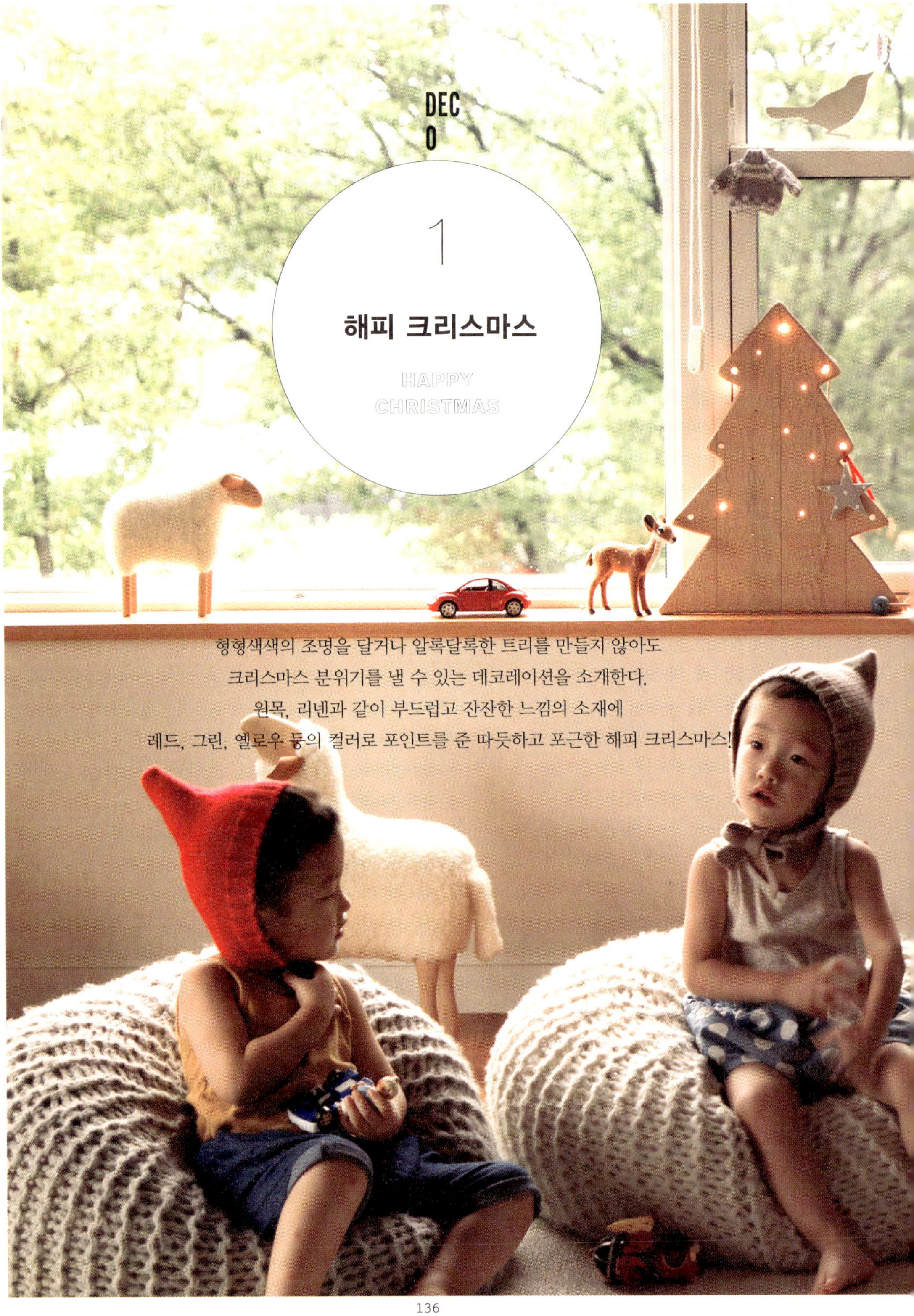

DECO 1

# 해피 크리스마스

HAPPY CHRISTMAS

형형색색의 조명을 달거나 알록달록한 트리를 만들지 않아도
크리스마스 분위기를 낼 수 있는 데코레이션을 소개한다.
원목, 리넨과 같이 부드럽고 잔잔한 느낌의 소재에
레드, 그린, 옐로우 등의 컬러로 포인트를 준 따듯하고 포근한 해피 크리스마스!

미송으로 만든 크고 작은 트리는 화려함보다는 따듯함을 느끼게 한다.

천연 소재의 리넨은 사계절 모두 사용하기 좋은
패브릭이다. 정면에 보이는 트리 모양의 쿠션은
리넨을 트리 모양으로 잘라 솜을 넣은 후 테두리만
레드 컬러로 덧붙였다. 크기를 작게 만들어
쿠션에 붙이거나, 큰 트리에 장식하면 입체적이고
재미있는 느낌이 연출된다.

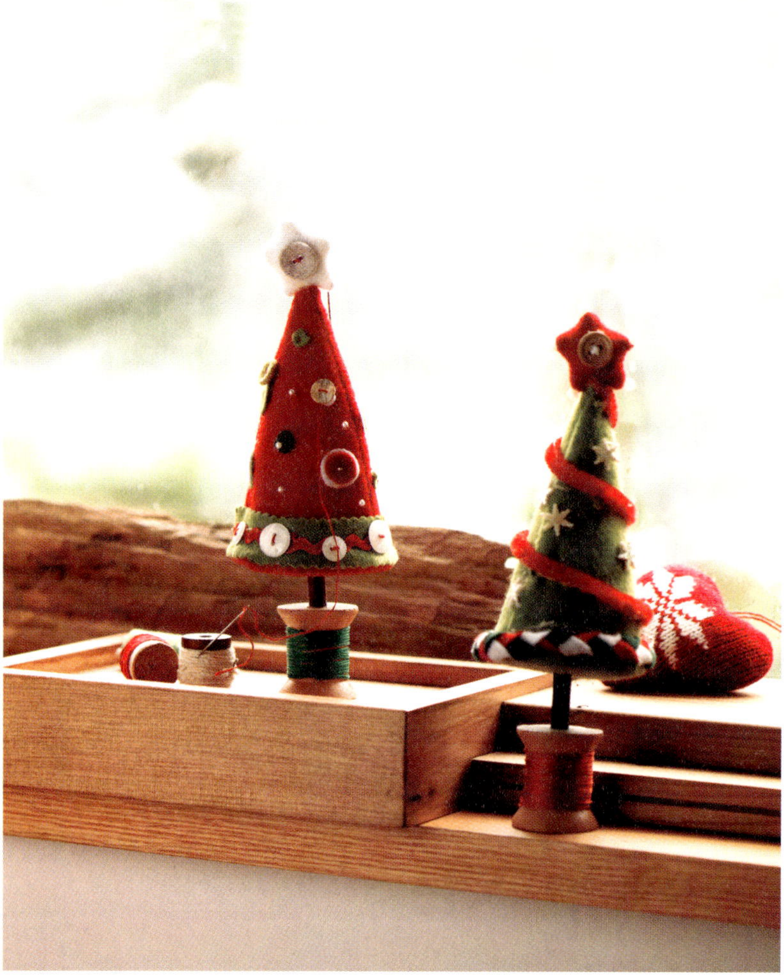

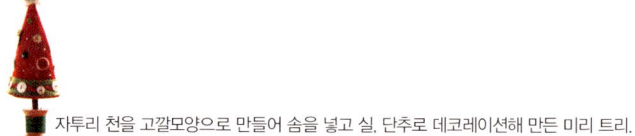

자투리 천을 고깔모양으로 만들어 솜을 넣고 실, 단추로 데코레이션해 만든 미니 트리.

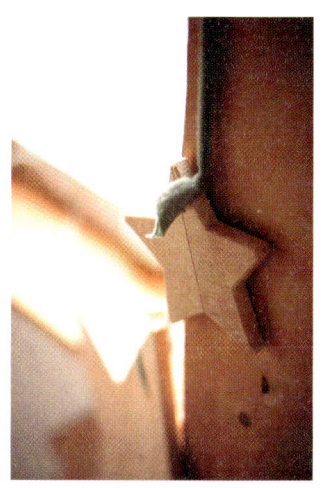

크리스마스 분위기를 내줄
장식품들을 자유롭게 배치해
정형화되지 않은 분위기를 완성했다.

## 크리스마스 리스

자투리 나무와 솔방울로 만든 크리스마스 리스. 크리스마스와 같이 특별한 날은
그날을 상징하는 문구를 리스에 달아 데코레이션하고, 평소에는 방문이나 창틀에 걸어 포인트를 준다.

**TOOL 자투리 나무, 솔방울, 끈, 자투리 리넨 원단, 접착제**

1 자투리 나무를 10cm 길이로 여러 개 자른다.
2 1을 동그란 모양으로 여러 겹 겹쳐 놓은 후 끈으로 묶어 고정시킨다.
3 솔방울에 접착제를 발라 2의 틈새에 끼워 넣는다.
4 3에 자투리 리넨 원단으로 데코레이션 한 후
크리스마스 문구를 달아준다.

크리스마스 카드 대용의 메모판이나 파티 방명록을 만들고 싶다면 초크보드를 이용하는 것도 좋은 방법이다. 합판을 원하는 모양대로 잘라 초크 물감을 칠하면 완성.

미송 원목으로 만든 트리는 공간을 많이 차지하지 않기 때문에 데코레이션 활용도가 높다.

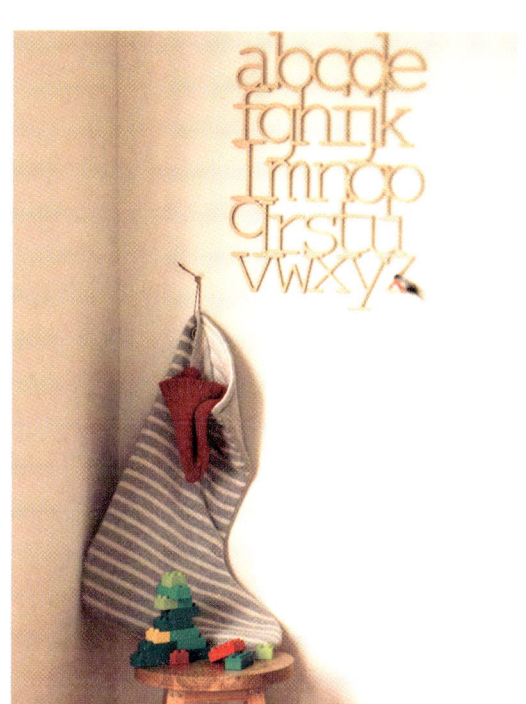

어떤 선물도 모두 담을 수 있는 모직 소재의 대형 양말.

시트지로 크리스마스 문구를 만들어 유리창에 붙였다.

## 크리스마스 메시지

원목에 레드, 그린 컬러의 접시로 포인트를 준 크리스마스 테이블. 접시와 빨대에 붙인
메시지가 크리스마스 테이블을 더욱 훈훈하게 만들어준다.

**TOOL 꼬치용 꽂이, 솔방울, 단추, 끈, 크라프트지**

1 원하는 문구를 크라프트지에 쓴다. 글씨에
자신이 없다면 워드작업을 한 후 프린트한다.
2 1을 잘라 꼬치용 꽂이 끝부분에 붙인다.
3 2의 끝에 솔방울을 꽂고 단추와 끈으로 장식한다.

※크리스마스 트리 형태의 오브제, 미송 원목 트리, 리넨 트리, 초크보드 등은
스타일리스트 최성미가 디자인·제작한 작품으로 스케치 형태로 만나볼 수 있다.

DEC
O

2

할로윈 데이

HALLOWEEN
DAY

할로윈 특유의 공포스러운 캐릭터를 아이들의
시각에 맞춰 익살스럽게 변신시켜 보자.
유령이나 마녀 그림, 스티커만 잘 활용해도
할로윈 데이를 만끽할 수 있다.

케이크 스탠드 두 개를 층층이 올려 놓은 후
페이퍼 베이킹 컵 안에 아이들이 좋아하는
머핀과 마시멜로, 사탕 등을 가득 담았다.
귀여운 컵과 토퍼는 **짐블랑** 제품.

1　2　　　3

1 평소 초콜릿이나 사탕을 보관하는 유리용기에
거미 시트지를 붙여 할로윈 데이를 위한
데코레이션으로 활용했다.

2 꼬치에 마시멜로를 끼우면 끈적끈적한 액체가
손에 묻지 않아 아이가 편하게 먹을 수 있다.

3 초콜릿을 보관하는 지퍼백에 나무 집게를 달고
유령 그림을 붙여 소소한 재미를 주었다. 티타월
접시는 **짐블랑** 제품.

고깔 끝에 와이어를 단 후 박쥐를 붙이면 아이 머리 위에서 박쥐가 날아다니는 듯한 재미있는 상황이 연출된다.

## HOW TO MAKE

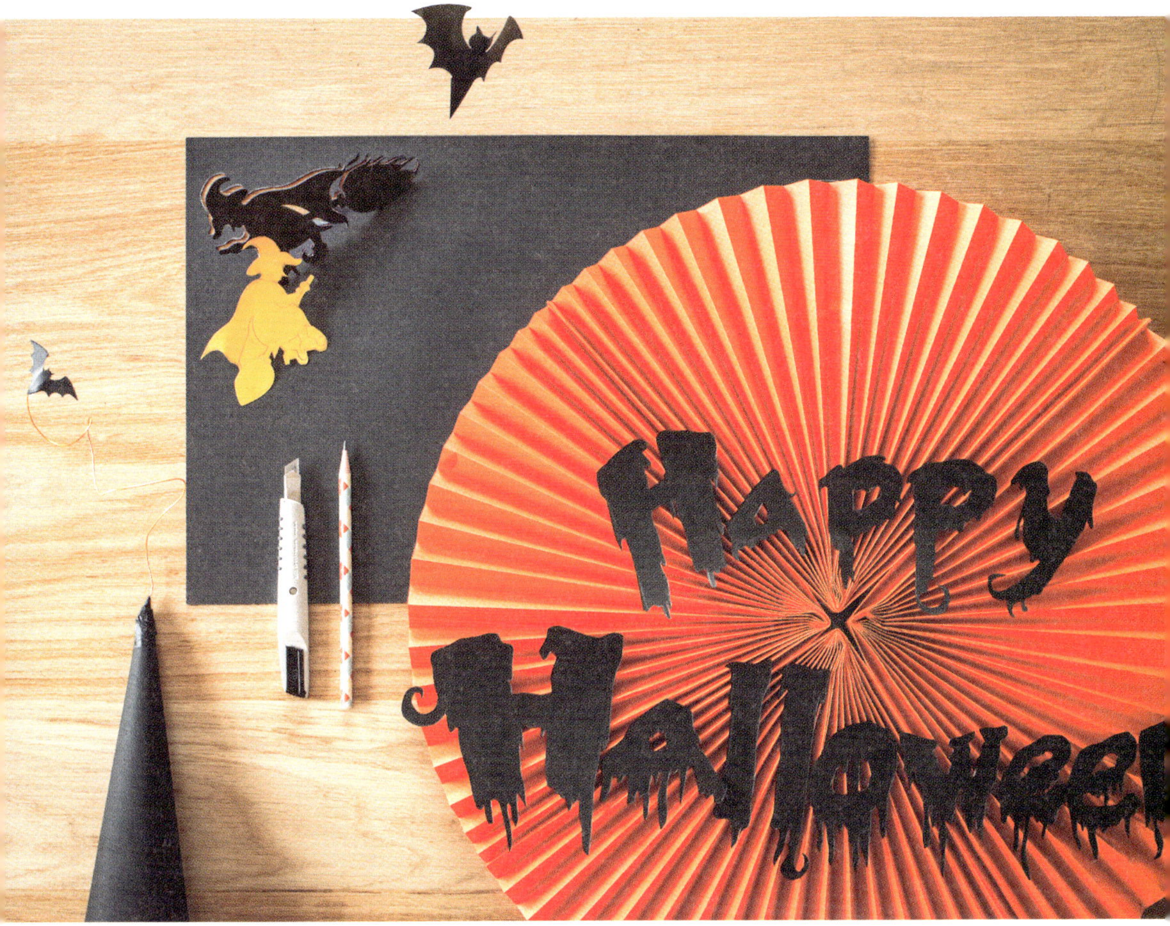


### 모티브 팝업 매트

평면적인 종이를 잘라 입체적인 오브제로 재탄생시킨 모티브 팝업 매트.
아이들이 좋아하는 캐릭터에 입체감을 준 팝업 매트만으로도 할로윈 데이의 특별한 테이블을 완성할 수 있다.

**TOOL 검정 종이, 칼, 연필**

1 8절 스케치북 사이즈의 검정 종이를 준비한다. 입체감을 살리고 싶다면 앞면과 뒷면의 컬러가 다른 종이를 사용한다.
2 동화 속의 캐릭터 중 할로윈 데이와 어울리는 캐릭터를 골라 1에 밑그림을 그린다.
3 2를 따라 칼로 섬세하게 자른 후 접어서 세워준다.

|   | 1 | 2 | 3 |
|---|---|---|---|
|   | 4 | 5 |   |

1 4개의 두꺼운 종이를 부채 모양으로 접어
  붙여 만든 할로윈을 밝히는 둥그런 달.
2 "진짜 거미가 붙었나?" 아이들이 처음 거미
  스티커와 마주하면 화들짝 놀라지만 진짜가
  아니라는 것을 알면 금세 친해진다.
3 문구점에서 쉽게 구입할 수 있는 1~2mm
  라인 테이프를 이용해 만든 거미줄.
4 박쥐 모양으로 커팅된 시트지를 오렌지와
  화이트 컬러의 풍선에 붙였다. 풍선을
  고정시키기 위해 의자에 붙인 아기자기한
  무늬의 패브릭 테이프가 눈에 띈다. 패브릭
  테이프는 **데일리라이크** 제품.
5 거미 모양으로 커팅된 시트지를 의자에 붙여
  소소한 재미를 주었다.

팝업 매트를 활용한 할로윈 테이블이다. 우드 포크와 수저, 나이프는 **짐블랑**, 블랙 스트라이프 패턴의
종이 빨대는 **스너그앤코** 제품이다.

DEC.
0

3

어린이 날, 특별한 테이블

CHILDREN'S
DAY

매년 어린이 날마다 여는 진부한 파티가 싫다면 파티의 콘셉트를 정해 테이블 세팅을
하는 것도 좋은 방법. 항상 밝은 웃음을 잃지 않기를 바라는
마음을 담아 'Smile' 모티브를 다채롭게 활용하면 의미 있고 특별한 어린이 날 테이블이 완성된다.

각각의 바나나에 풍선을 달아 파티 분위기를 냈다. 먹음직스러운 컵 케이크는 **굿오브닝컵케이크** 제품.

다양한 컬러의 볼을 나무에 자유롭게 담아 전체적인 분위기에 리듬감을 더했다. 벌집 모양의 볼은 **에이치픽스** 제품.

리넨 패브릭에 전하고 싶은 메시지를
담아 버팅을 만들었다. 직접 만드는 것도
좋지만 문구와 서체를 선택해
자수집에 주문하는 것도 편리하다.

1 평범한 일회용 컵에 스마일 스티커를 붙여
  포인트를 주었다. 아웃도어 파티에서는
  유리나 플라스틱 소재의 식기보다
  아이들이 들고 다니기 편한 일회용 컵이
  훨씬 효율적이다. 알록달록한 빨대는
  **데일리라이크** 제품.

2 파티에 빠질 수 없는 캔들. 화분에 꽃꽂이
  하듯 꽂아 아이들의 손이 닿지 않는 곳에
  놓아두자. 초에 컬러풀한 패브릭 테이프를
  붙이니 단조롭지 않으면서도 세련된
  스타일링이 완성됐다.

3 바나나 껍질에 상처가 나면 변색되는
  특징을 이용해 아이들의 이름을 새겼다.

| 1 | 2 |
|---|---|
|   | 3 |

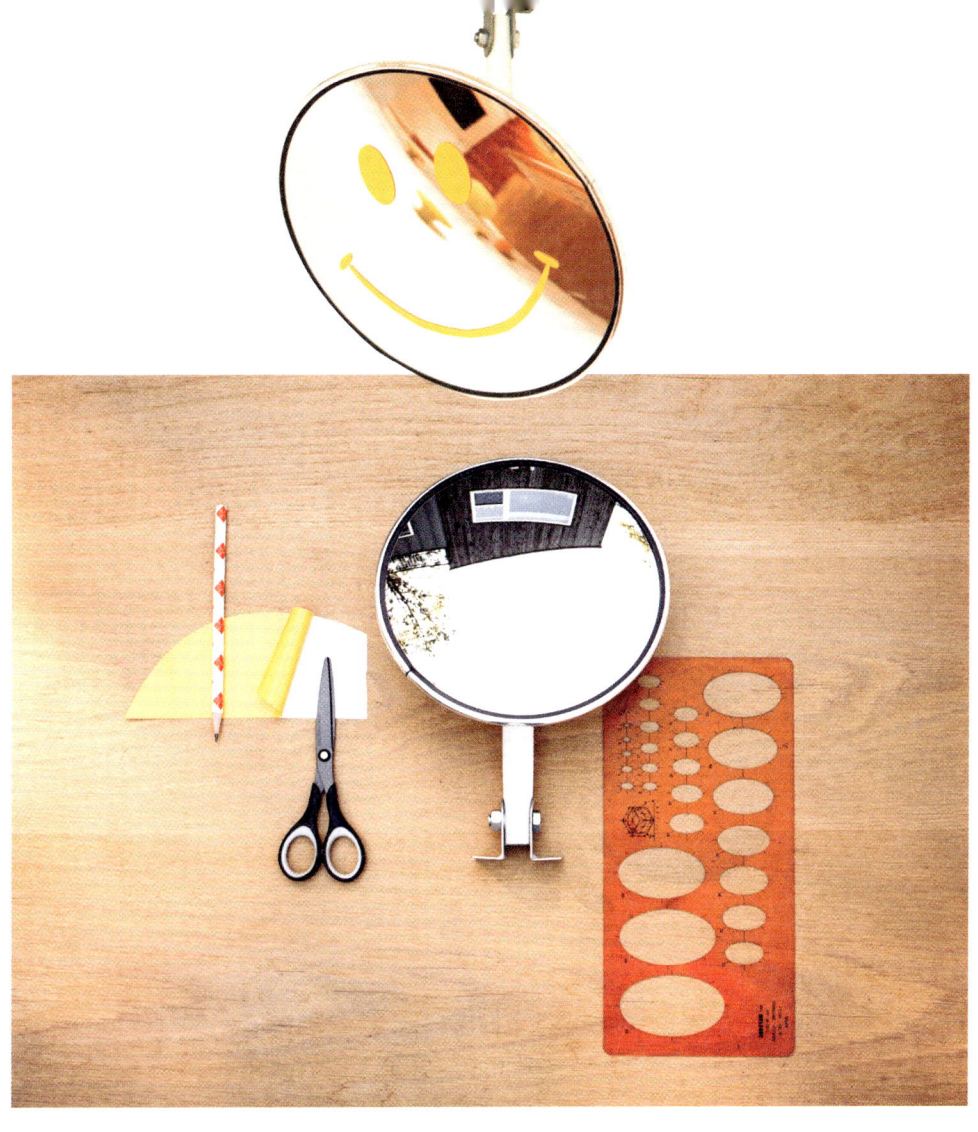

## 스마일 반사경

평소 잘 보이지 않은 사각지대에 설치하면 유용한 스마일 반사경. 볼록 반사경에
스마일 모양의 시트지를 붙여 위트를 더했다.

**TOOL 볼록 반사경, 가위, 옐로우 시트지, 모양자**

1 옐로우 시트지에 모양자를 대고 스마일 보양의 눈과 입을 그려준다.
2 1에 맞춰 가위로 자른다.
3 2를 반사경에 붙여준다.

## 옐로우 종이꽃

아이와 함께 만들어도 좋은 옐로우 종이꽃이다. 납작하고 작은 습자지가 풍성하게
부풀어 오른 모습에 아이들도 어느새 Smile~

**TOOL 20*30 옐로우 습자지 15장, 얇은 끈, 가위**

1 20*30 옐로우 습자지 15장을 준비한다.
2 가로 폭 2cm 간격으로 아코디언처럼 앞뒤로 접어나간다.
3 정중앙에 얇은 끈을 가로로 잘라 묶어준 후 종이의 구김이
생기지 않을 정도로 매듭을 짓는다.
4 습자지 특성상 잘 찢어질 수 있으니 한 장, 한 장 펼쳐
동그란 형태를 만들어 간다.
5 평면에서 입체가 된 꽃 볼을 잘 매만져 풍성한 형태를 만든다.

4

# 캠핑 데이

CAMPING
DAY

모든 것이 다 갖추어진 곳, 바로 집에서 편안한 캠핑을 즐길 수 있는 방법이 있다.
텐트를 대신할 휴대용 종이 집과 골판지로 만들어진 로켓 그리고
따스한 햇살까지 함께 해준다면 더할 나위 없이 완벽한 캠핑이 시작된다.

텐트를 대신할 아늑한 휴대용
종이 집은 **키즈온루프**
제품이다. 어두워지면 집
안에 손전등을 넣어 캠핑
분위기를 내보자. 집 앞을
늠름하게 지키고 있는 백마는
**킨더오르겔** 제품.

1 —— 2

3

1 하늘의 구름을 대신할 종이 셰이드.
　파리 빈티지 숍에서 구입했다.

2 창가에 옹기종기 모여 있는 집들은
　종이와 자투리 원단을 믹스&매치한
　핸드메이드 작품이다.

3 종이로 만들어졌지만 그 어떤 것보다
　튼튼하고 찢어지지 않는 종이 정리함
　안에 과일이나 음료수를 넣어놓고
　캠핑 분위기를 내보는 것도 좋은
　방법이다.

로켓은 접었다 폈다가 자유로우며, 놀이가 끝난 후에는
납작하게 접은 채로 박스에 넣어 보관한다. 로켓의 모서리는 라운딩
처리돼 있어 아이들에게 안심하고 내어줄 수 있다.

골판지로 만들어진 플레이 휴대용
로켓은 캠핑의 하이라이트인 불꽃놀이를
대신한다. 키즈온루프 제품으로
**킨더오르겔**에서 판매 중이다.

5

## 집에서 즐기는 베케이션

VACATION

특별한 장소와 풍성한 음식이 없어도
아이들이 좋아할 만한 아이템 한 가지만 있다면
집에서도 충분히 멋진 휴가를 보낼 수 있다.
마당이나 거실에 놓아도 좋을 사이즈의
작은 집을 만들어주자.
집을 벗어나 마치 새로운 장소에 온 듯한
아이들만의 휴가가 완성될 것이다.

아이의 신체 사이즈와 잘 맞는 집과
의자 그리고 자전거. 휴가지에 가면
아이를 위한 공간이나 놀잇감이
없어 불편했던 안타까움을 단숨에
해결해준다.

철 소재에 분체 도장을 한 작은 집에는 아이들이 좋아하는 아이템이 가득하다. 작은 집은 **집을 그리다** 제품.

1 키 작은 사이즈의 집에
화분을 넣은 모습. 간결한
디자인도 잘 활용하면 훌륭한
데코레이션으로 변신한다.

2 자작나무 재질로 만들어져
발로 직접 구르며 타는 자전거는
**라이크어바이크** 제품.

3 카살리노 주니어 체어와
그 앞에 앙증맞게 앉아 있는
컵 모두 **이노메사** 제품이다.

```
        1
  2     3
```

지붕을 덮고 있는 나뭇잎 모양의 철제는 어떻게 조합하느냐에 따라 다양한 변신이 가능하다.
로낭&에르완 브룰렉 형제가 디자인한 **스크린알그비트라** 제품.

샤워 커튼이나 패턴이 있는 접착용
**패브릭 시트**를 이용해 지붕을
만들면 심심해 보이는 작은 집에
율동감이 더해진다. 아이들과
시트지를 오리거나 붙이는 작업을
함께하며 휴가의 추억을 만드는
것도 좋은 방법. 패브릭 시트지는
**데일리라이크**. 집 앞에 주차돼 있는
옐로 컬러의 레트로 카는
**루밍** 제품이다.

아이들이 좋아하는 미니어처나 원목으로 만든 동물 인형을 활용해 생일맞이
홈 파티를 준비해보자. 테이블을 음식으로 가득 채우거나 친구들을 초대하지 않아도
세상에서 가장 즐겁고 행복한 생일파티를 즐길 수 있다.

내추럴한 원목 소재로 만들어진
동물들에게 알록달록한 트레이싱
페이퍼 베이킹 컵으로 고깔을
만들어 씌웠다. 컵 케이크에
꼬치를 꽂고 끝에 하트 모양의
종이를 끼워둔 후 원하는 문구를
수놓은 리넨 원단을 꼬치 사이에
연결해주면 세상에서 하나밖에
없는 특별한 케이크가 완성된다.

동물을 모티브로 한 테이블 세팅은 아이들에게
언제나 인기만점이다. **도나 윌슨**이 디자인
한 접시와 컵, 중간에 서 있는 에그컵 모두
**펌리빙**제품이다. 실리콘 소재의 테이블 매트는
**에이치픽스**. 우드 도마는 **투마이발렌타인**.
우드 스푼과 트레이는 **무지**에서 구입했다.

케이크 스탠드 위에 올라간 원목 동물 인형들이 마치 서커스 무대에 오른
듯 다양한 포즈를 취하고 있다.

상큼한 형광 빛 종이 갈란드는 **스너그앤코** 제품으로 천장이나 벽에 한두
개 정도만 달아줘도 포인트가 된다.

달지 않아 2~3개는 거뜬히 먹을 수 있는 컵 케이크는 **굿오브닝컵케이크**
제품. 나이프와 포크는 **루밍**에서 구입했다.

촛불을 대신하는 우드 캔들 홀더 스트링은 펌리빙 제품으로
**에이치픽스**에서 판매되고 있다.

DEC
0

7

## 사진 전시회 여는 날

PHOTO
DAY

아이의 모습이 담긴 사진을 벽에 붙여 우리 집만의 특별한 사진 전시회를 열어보자.
사진 옆에 꽃을 달아주거나 아이와 함께
액자를 만들어 데코레이션하면 우리 집 사진 전시회 완성!

사진 속 아이가 입은 옷의 컬러와
어울리는 마스킹 테이프를 붙이면
사진을 여러 장 걸어도 산만해 보이지
않는다. 하얀 종이를 잘라 액자를
만든 후 **동물 스티커**를 붙이거나 꽃을
달아주었다. 동물 모양의 스티커는
**에이치픽스**, 패브릭 마스킹 테이프는
**데일리라이크** 제품.

1 사진을 더욱 빛나게 하는 조명을 대신할
창문에 마스킹 테이프를 붙여 화려한
느낌을 연출했다. 자칫 단조로워 보일
수 있는 전시회장이 화려해진 느낌이다.
**데일리라이크** 제품.
2 창가에는 동물 모양의 인형을 놓아
데코레이션했다. 동물의 팔, 다리, 날개
등 각 부위를 입체적으로 끼워가며
만들게 되어 있는 종이 퍼즐 인형 교구는
**킨더오르겔** 제품이다.
3 사슴의 몸을 돌려야 테이프가 나오는
구조로 만들어진 테이프 디스펜서가
전시회장의 아기자기함을 더해준다.
**데일리라이크** 제품.
4 동물 모양의 스티커는 **에이치픽스** 제품.

 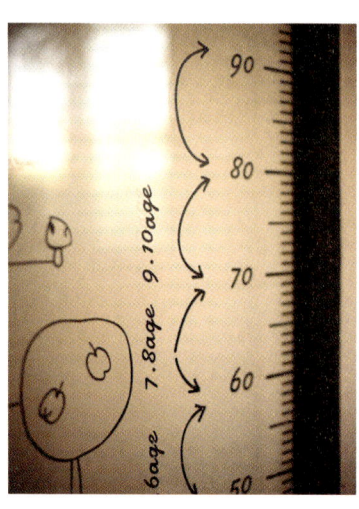 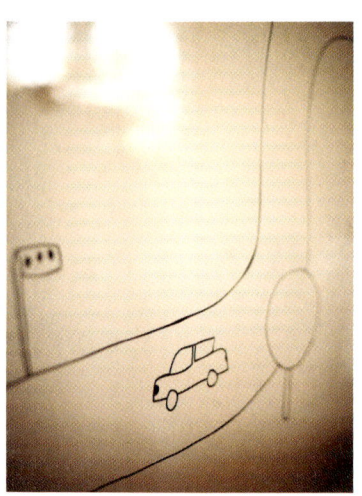

투명한 유리창에 사진을 붙인 후 손에 묻지도 않고
지우기도 쉬운 윈도우용 마커로 꾸며주면
또 다른 전시회가 시작된다. 윈도우용 마커는 문구점에서 구입할 수 있다.

사진 주위에 좀 더 전문적인 그림이나
글씨를 새겨놓고 싶다면, 원하는 도안과
사이즈를 선택해 시트지 커팅 전문점 또는
간판 집에 의뢰하는 것도 좋은 방법이다.

# Special Page

# 3

핸드 메이드 데코레이션 팁
키즈룸 숍 정보. '이 가게, 좋아요!'

## 바다 소품을 활용한
데코레이션

## 유리병 속의 바다

추억할 거리가 많은 여행지의 이야기들을 사진과 함께 병에 담아보자. 아이가 처음 모래를 밟고 바닷물에
발을 담그던 그 모습이 더욱 생생하고 사랑스럽게 기억될 것이다.

**TOOL** 유리병, 사진, 양면 테이프, 조개, 모래

1 투명한 유리병과 조개를 깨끗이 씻은 후 완전히 건조시킨다.
2 사진 뒤에 양면 테이프를 붙인 후 병 속에 넣어 붙인다.
3 유리병 안에 모래와 조개를 넣는다.

## 메시지를 담은 돌

바다를 거닐며 주워온 돌에 아이가 늘 가슴에 새겼으면 하는 단어들을 새겨보자.
길거나 둥근 모양의 돌은 작은 선반이나 미니 서랍에 넣은 후 유리를 끼워 데코레이션하고,
넓고 납작한 돌은 컵받침대로 활용해도 좋다.

**TOOL 돌, 연필, 라인물감**

1 단어를 새길 수 있을 정도의 평평하고 납작한 돌을 준비한다.
2 돌을 깨끗이 씻어 완전히 건조시킨다.
3 2에 연필로 단어를 새긴다.
4 3을 따라 라인물감을 발라준다.

### 리사이클링 화분 I

집 안에 방치돼 있는 빈 병을 사용해 만든 화분을 햇빛이 잘 드는 거실 혹은
아이방 창틀에 놓으면 이 세상에 단 하나뿐인 화분 완성!

**TOOL 빈 병, 캔, 흙, 꽃, 패브릭 테이프**

1 빈 병 혹은 캔을 깨끗이 씻어 말린다.
2 1 안에 흙을 촘촘히 넣은 후 꽃을 심는다.
3 패브릭 테이프를 이용해 데코레이션한다.

## 리사이클링 화분 II

소라 껍데기, 조개껍질 안에 다육식물을 심은 앙증맞은 화분이다. 가드닝을 하며 아이들에게
바다와 땅에서 태어나는 것들에 대해 이야기하고 직접 만져볼 수 있는 소중한 시간을 만들어보자.

**TOOL 소라 껍데기, 조개껍질, 다육식물, 작은 자갈 or 돌**

1 소라 껍데기와 조개껍질을 깨끗이 씻어 말린다.
2 1의 안에 흙을 넣고 다육식물을 심는다.
3 2에 작고 예쁜 자갈이나 돌을 올려 데코레이션한다.

### 리사이클링 화분 III

달걀 껍질에 흙을 넣고 씨앗을 심는 재미있는 아이디어가 곁들여진 화분이다. 달걀 껍질이 바스러지는
감촉이 재미있어 아이들이 무척 흥미로워한다.

**TOOL 달걀, 흙, 씨앗, 일회용 아이스크림 스푼 or 우드 포크**

1 달걀 윗부분을 조심스럽게 깨트려 내용물을 뺀다.
2 주위에 남아 있는 껍질을 잘 정리한 후 흙을 넣고 씨앗을 심는다.
3 씨앗을 넣지 않은 달걀 화분에 일회용
아이스크림 스푼 혹은 우드 포크를 꽂아 데코레이션한다.

## 키즈룸 숍 정보. '이 가게, 좋아요!'

### NORDIC DEISGN BY INNOMETSA
**노르딕디자인 by 이노메싸**

아이를 위한 공간뿐 아니라 인테리어를 위한 현명한 수납 시스템 '스트링'을 만날 수 있는 라이프스타일 편집 숍. 다양한 북유럽 브랜드를 만날 수 있는데 그 가운데서도 아이들을 위한 기능적인 가구 및 소품이 눈에 띈다.

**add.** 02-3463-7752  www.nordicdesign.kr

### DODOT
**두닷**

단순하고 실용적인 디자인의 모듈형 가구가 주를 이룬다. 특히 서재, 오피스를 위한 가구가 다양하며 DIY 가구도 따로 준비돼 있어 내 아이의 취향에 맞는 가구를 만드는 재미도 경험할 수 있을 듯!

**add.** 02-3477-8937
www.dodot.co.kr

### KOON
**쿤**

가구디자인 전문회사 쿤은 어린이 전문가구 브랜드인 리틀쿤(Little Koon)을 선보인다. 아이 가구 자체를 인테리어로 해석한 리틀쿤의 가구는 감각적이고 안정적인 디자인과 놀이 공간을 방불케 하는 흥미로운 요소들이 인상적이다.

**add.** 02-566-9828  www.koonstore.com

### 8COLORS
**에잇컬러스**

색깔 있는 구성의 홈 액세서리와 주방 용품, 파티 용품 등을 소개하는 에잇컬러스는 아이들을 위한 카테고리가 따로 준비돼 있다. 그중에서도 빈티지한 프린트의 쿠션과 놀이 키트, 사랑스러운 패브릭 소품이 눈에 띈다.

**add.** 070-8654-3637
www.8colors.co.kr

### TOMYVALENTINE
**투마이발렌타인**

모든 제품을 손수 만드는 방식을 고수하고 있는 투마이발렌타인. 은은한 컬러의 갈란드와 쿠션 그리고 아이들의 흥미를 끌만한 재미있는 모양의 러그가 눈에 띈다.

**add.** 070-7519-9018
www.tomyvalentine.kr

꼭, 아이용 물건을 파는 가게가 아니어도 좋다! 엄마의 까다로운 기준으로 고른 생활 용품도 있고 장난감과 가구의 경계에 있는 컬렉션도 있고 감각적인 오너가 매의 눈으로 선별한 디자인 아이템도 있는 곳, 책 속의 엄마들과 저자가 함께 골라 본 다양한 라이프스타일 숍 탐색하기.

## KARTELL
### 카르텔
디자인 가구 및 소품을 소개하는 브랜드 숍. 필립 스탁, 안토니오 치테리오, 피에로 리쏘니 등 유명 디자이너들의 컬렉션을 만날 수 있다. 아이방 가구의 베스트셀러 격인 필립 스탁 디자인의 난쟁이 스툴 역시 카르텔 제품.
**add.** 02-517-2002
www.koreafurniture.com

## FRANC FRANC
### 프랑프랑
디자인에 힘을 실은 다양한 인테리어 소품 및 생활 용품을 만날 수 있는 라이프스타일 전문 숍. 캐주얼한 가구, 컬러풀한 생활 용품 등 거실, 주방, 욕실과 같이 집 안 구석구석을 채울 만한 물건들을 만날 수 있다. 아이방에 적용하기에도 좋을 컬러풀한 아이템이 주를 이룬다.
**add.** 02-2111-0992 www.francfranc.kr

## MOBEL LAB
### 모벨랩
북유럽 빈티지 가구를 소개하는 대표적인 매장. 품질 좋은 북유럽 가구를 합리적인 가격에 구입할 수 있다. 의자와 사이드 테이블 등 간단한 가구부터 책장, 서랍장, 소파, 식탁에 이르기까지 폭넓은 퀄리티의 가구가 주를 이룬다. 아이용 가구라기보다는 아이방에 놓을 만한 포인트 가구로 활용하기에 좋은 작은 책상, 서랍장 등을 추천한다.
**add.** 02-3676-1000 www.mobellab.com

## MUJI
### 무인양품
단순하고 실용적인 디자인의 생활 용품을 만날 수 있는 일본의 대표 라이프스타일 브랜드. 일관성 있는 디자인과 실용적인 소재 덕분에 아이방은 물론 어떤 스타일의 인테리어에 적용해도 무난하고 세련된 아이템이 많다.
**add.** 1577-2892 www.mujikorea.net

## THE PLACE
### 더플레이스
이탈리아 브랜드를 중심으로 다양한 디자인 가구 및 리빙 아이템을 소개하고 있는 토털 라이프스타일 스토어. 특히 어린이 의자 '줄리안', '퍼피' 등 책에 등장하는 다양한 디자인 가구들의 출처인 브랜드 마지스도 만날 수 있다.
**add.** 02-3444-2203 www.theplace.kr

## DANSK
### 댄스크

퀄리티 높은 빈티지 가구를 비롯해 스태디한 디자인의 소파 브랜드 거스, 애나 블랙, 헤이 등 다양한 리빙 컬렉션도 소개하는 매장. 특히 모듈 가구 브랜드 몬타나는 다양한 컬러와 사이즈로 조합할 수 있는 디자인 수납가구로 실용성과 디자인을 겸비하고 있다.
**add.** 02-592-6058
www.dansk.co.kr

## KINDERORGEL
### 킨더오르겔

인형과 옷, 베딩 등에 무채색의 감성적인 컬러를 입혀 차분하고 따듯한 느낌의 아이템을 주로 선보이는 킨더오르겔. 특히 박스 재질로 되어 있어 가볍고 안전한 페이퍼 하우스가 눈에 띈다.
**add.** 070-7571-8648 www.kinderorgel.com

## PIGVE
### 피그베

아이들을 위한 감각적인 패션 아이템이 메인이지만 아티스틱한 터치가 느껴지는 식기류, 수공예적인 감성이 돋보이는 패브릭 소품 등도 만날 수 있는 패션&리빙 셀렉 숍이다.
**add.** 02-512-0620 www.pigve.com

## IKEA
### 이케아

책에 소개된 아이용 주방 가구 중 단연 스테디셀러는 이케아. 수납 가구, 의자 등 실용성에 강점을 둔 아이용 가구와 소꿉놀이 등 아이를 위한 물건들이 단연 돋보인다. 물론 디자인을 포기하지 않은 점도 강점.
**add.** 031-965-0878 www.ikea.com

## SNUGANDCO
### 스너그앤코

빨대, 소이 캔들을 아이들에게 무해한 성분으로 만들어 엄마들의 사랑을 독차지하고 있는 디자인 소품 숍이다. 다양한 패턴을 입힌 패브릭과 페이퍼 소품을 찾는다면 추천할 만한 곳.
**add.** 033-901-2716 www.snugandco.com

## 9OWLS
### 나인아울즈

빈티지 패션 아이템을 다뤄오던 오너가 최근 아이들을 위한 키즈 리빙 라인도 소개하고 있다. 거즈 이불, 실용적인 바스켓, 면 러그 등 아이를 키우는 엄마라면 필요성을 느꼈을 바로 그 아이템들을 제작·판매하고 있다.
**add.** 02-548-9011
www.9owls.co.kr

## HPIX
### 에이치픽스

도나 윌슨, 럭키보이즈선데이 등 드로잉을 그대로 옮겨 놓은 듯한 그림 같은 쿠션 및 인형을 비롯해 아이들을 위한 베딩, 식기류, 데코레이션 소품과 가구, 패브릭 제품 등을 다양하게 만날 수 있다.
**add.** 02-3461-0172 www.hpix.co.kr

## KOBALTSHOP
### 코발트디자인샵

많은 물건이 아니라 하나하나 공들여 고른 물건들로 채워진 듯 보이는 디자인 편집 숍. 두 아이를 키우는 오너가 까다롭게 고른 장난감과 소품은 감각과 기능을 겸비한 믿을 수 있는 것들로만 채워졌다.

**add.** 02-3446-1510 www.kobaltshop.com

## ILOO
### 일루앤코

시크한 스타일의 아이 옷을 베이비, 키즈, 주니어 라인으로 다양하게 선보이며 패션 아이템과 리빙 아이템도 소개한다. 내추럴한 리넨 소재 베딩과 소품이 특히 눈에 띈다.

**add.** 070-7844-1776 www.iloo.co.kr

## TREE&MORI
### 트리앤모리

침실, 주방, 거실을 위한 다양한 패브릭 제품을 소개하는 트리앤모리는 특히 다양한 패턴의 쿠션과 화려한 그래픽이 돋보이는 키즈 아이템이 주를 이룬다. 국내 제작으로 합리적인 가격대도 매력적이다.

**add.** 010-2803-9054 www.treeandmori.com

## SKETCH 1993
### 스케치 1993

1990년대 셰비 시크 스타일로 출발했던 스케치 1993. 핸드크래프트적인 느낌의 내추럴한 가구 및 테이블 웨어, 패브릭, 부자재 등을 만날 수 있다. 빈티지한 무드의 소품과 시즈널한 라인도 그때 그때 선보인다.

**add.** 031-913-0906
www.sketch1993.co.kr

## ROOMING
### 루밍

셀렉 숍의 대표주자 루밍에는 아이들을 위한 디자인 가구를 비롯해 아이와 어른들을 모두 만족시킬 만한 디자인 서적, 내 아이에게 선물하고픈 모빌이나 포스터, 문구 등 탐나는 아이템들로 가득해 엄마들이 즐겨 찾는다.

**add.** 02-6408-6700 www.rooming.co.kr

## KITTYBUNNYPONY
### 키티버니포니

직접 패턴을 만들고 제작하는 국내 디자인 패브릭 브랜드. 기존에 선보이던 쿠션, 베딩, 커튼 등 다양한 리빙 라인에 더해 키즈 라인도 늘려가고 있는 중이다. 아이들을 위한 시크하고 질 좋은 베딩을 원한다면 살펴볼 만한 곳.

**add.** 070-8813-8734
www.kittybunnypony.com

## JAIMEBLANC
### 짐블랑

아이들을 위한 컬렉션이 주를 이루는 패밀리 라이프스타일 셀렉 숍. 연희동에서 한남동으로 자리를 옮긴 짐블랑은 기존의 디자인 소품에 더해 아이들을 위한 베딩, 디자인 가구 등 더 다양해진 키즈 라인을 소개할 예정이다.

**add.** 070-7803-3798
www.jaimeblanc.com

## DAILYLIKE
### 데일리라이크

디자이너가 직접 디자인한 패턴으로 다양한 상품을 선보이는 데일리라이크는 키즈 아이템뿐만 아니라 특별한 날 데코레이션을 위한 패브릭 스티커, 마스킹 테이프, 카드 등과 같은 디자인 문구도 제작·판매하고 있다.

**add.** 070-8670-6944
www.dailylike.co.kr

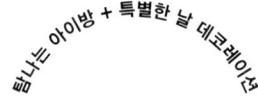

# 키즈 룸 스타일
## KIDS ROOM STYLE

초판 1쇄 2013년 12월 24일

**지은이** 곽소영 최성미

**발행인** 김우석
**제작총괄** 손장환
**편집장** 이정아
**책임편집** 정세영
**디자인** LOOKBOOK
**사진** 심윤석(Studio Sim, 02-549-4511)
**마케팅** 김동현 신영병 김용호 임정호 이진규
**제작** 김훈일 박자윤
**저작권** 안수진
**홍보** 이효정
**교정교열** 전경서
**인쇄** 자윤프린팅
**협찬** 굿오브닝컵케이크(www.goodovening.com)

**펴낸 곳** 중앙북스㈜
**등록** 2007년 2월 13일 제2-4561호
**주소** (121-904) 서울시 마포구 상암동 1651번지 상암 DMCC빌딩 20층
**구입문의** (02) 2031-1303
**내용문의** (02) 2031-1373
**팩스** (02) 2031-1399
**홈페이지** www.joongangbooks.co.kr/www.facebook.com/hellojbooks